W0178405

Boxen

Fechten mit der Faust

von

Sportlehrer Herbert Sonnenberg

Mit 80 Abbildungen

15. Auflage
1987

VERLAG WEINMANN – BERLIN

CIP-Kurztitelaufnahme der Deutschen Bibliothek

Sonnenberg, Herbert:
Boxen : Fechten mit d. Faust / von Herbert
Sonnenberg. – 15. Aufl. – Berlin :
Weinmann, 1987.
ISBN 3-87892-023-7

© 1978 by Verlag Weinmann - Berlin
Copyright, die Übersetzungs- und alle sonstigen Rechte sind Eigentum des
Verlages. Auch die auszugsweise oder fototechnische Wiedergabe sowie die
Reproduktion von Abbildungen, bedarf der schriftlichen Genehmigung des
Verlages.
Repro Faesser/Satz und Druck: Hildebrand

Inhaltsverzeichnis

Altersklassen (70) Kampfrunden und Kampfzeit (70) Verbotene Handlungen (70) Entscheidungen (71) Schutzbestimmungen bei Niederschlag (K.o.) (72) Doping (73) Der Mann in der Ecke (73) Vor und nach dem Wettkampf (74)

Einleitung

Boxen? Die Gegner dieser Kunst denken sofort an breite Nasen, verletzte Augenbrauen, Blumenkohlohren und Hirnschäden. Man gönnt sich vielleicht auch gelegentlich eine Eintrittskarte für einen Profi-Boxkampf, oder stellt den Fernseher ein, wenn solche Kämpfe gezeigt werden. Man sieht gern "sachverständig" zu, wenn jemand verletzt oder niedergeschlagen wird. Wehe den Boxern, die bei solchen Veranstaltungen "zu technisch" kämpfen, sie werden bestimmt ausgepfiffen oder verächtlich gemacht. Man will zwar unterhalten sein und Nervenkitzel verspüren, daß Boxen aber (genauso wie andere Kampfsportarten) ein gutes Mittel zur allseitigen Körpererziehung junger Männer ist, wird ignoriert.

Läßt man solche Vorurteile beiseite, kann gar kein Zweifel bestehen, daß Boxen ein hervorragendes Mittel zu körperlicher Ertüchtigung und sozialem Lernen, zur Erlangung von Kameradschaft und Fairneß ist. Diese harte männliche Sportart erzieht zu Mut, Willenskraft, Selbstvertrauen, Widerstandsfähigkeit und Ausdauer. Das erworbene technische Repertoir, die Reaktionsschnelligkeit bei den behenden, blitzschnellen Bewegungen in Angriff und Verteidigung helfen dem Furchtsamen sich selbst zu überwinden. Man kann jedem jungen Mann eine Grundausbildung im Boxen, im Fechten mit den Fäusten, nur empfehlen. Kampfboxer allerdings sollte später nur der werden der dafür alle körperlichen und seelischen Voraussetzungen besitzt, sonst wird er sich selbst nur schaden und den Ruf des Boxers diskriminieren. Bei den Boxgegnern ist das Vorurteil noch immer lebendig, daß Boxen "roh" sei. Wenn man jedoch von Ausnahmen im Profilager absieht (dort herrschen die Gesetze des Geldverdienens) so sollte man bei den heutigen strengen Kampfregeln kein vorschnelles Urteil fällen. Boxen ist durchaus geeignet, junge Männer nicht nur körperlich abzuhärten, sondern ihnen Erholung und Ausgleich von der Alltagsarbeit zu verschaffen. Boxen macht Spaß! Es ist mir ein Bedürfnis gerade die Werte des Boxens für Gesundheit und Lebensfreude hervorzuheben und die Möglichkeiten, die der Sportler hat, sich durch Boxen zu Selbstzucht und innerer Sicherheit zu erziehen.

Nur eine ebenmäßige Lebensweise und die Abhärtung des Körpers ermöglichen den Erfolg - die Vervollkommnung um ihrer selbst willen. Wer für längere Zeit diesen Gesetzen der sportlichen Selbsterziehung gehorcht hat, wird zu einem Menschen mit festen Grundsätzen heranreifen, der gegen die Härten des Lebens gewappnet ist und nicht so schnell kapituliert.

Das Boxtraining muß natürlich unter sachgemäßer pädagogischer Anleitung und unter ärztlicher Kontrolle durchgeführt werden. Auf der Lehrkraft ruht eine große Verantwortung. Der Trainer muß nicht nur Technik und Trainingsmethoden beherrschen und die Fähigkeiten seiner Schüler erkennen und zu entwickeln verstehen, sondern seine Schützlinge auch psychisch beeinflussen. Es darf bei Kämpfen keine Rolle spielen, ob Härte und rücksichtsloses Schlagen beim "Publikum" höher bewertet werden als gutes Boxen, bei dem die Kämpfer ihre Fäuste in Angriff und Parade in ähnlich eleganter Weise gebrauchen, wie Fechter ihre Waffen. Kommt es einmal vor, daß ein Kämpfer angeschlagen wird und weitere schwere Schläge nehmen muß, so darf er nicht bis zum Schlußgong im Ring stehen, sondern der Kampf muß, wenn es der körperliche Zustand des Boxers erfordert, **sofort** abgebrochen werden. Die Gesundheit eines jungen Mannes ist wichtiger als Sieg oder Niederlage.

Leider gibt es immer noch Trainer, die junge Boxer ohne die erforderliche Grundausbildung in den Ring schicken. So gehen dem Boxsport oft gute Kräfte verloren. Die Boxer sollen kämpfen lernen, aber nicht die physische Vernichtung des Gegners anstreben. Als Boxen noch als "nobel art of selfdefence" betrieben wurde, erzielte es große Anerkennung in allen Bevölkerungsschichten. Wir sollten daran anknüpfen und in den Vereinen, vor allem technisches Stilboxen lehren, um den Sport auf seinen alten Ruhm zurückzuführen.

Warum sollte es nicht möglich sein, in den Schulen z. B. vom 12. Lebensjahr an mit boxsportlichen Übungen (die mit rauhem Profikampf nicht das Geringste zu tun haben) zu beginnen. Besonders Seilspringen, Boxgymnastik, Boxstöße und Paraden sind ein ausgezeichnetes Erziehungsmittel und eine Möglichkeit die Schüler zu begeistern.

Auch an den Universitäten sollte der Boxsport vor allem in der Breitenarbeit stärker gefördert werden. Wichtiger als die Erringung von Meistertiteln sollte es sein, wenn junge Menschen, die unsicher und körperlich nicht auf der Höhe sind, in die Übungsstunden kommen und nach einigen Monaten mit Freude und Selbstvertrauen boxen. Ganz abgesehen von der Möglichkeit die Agressionen junger Leute mittels Boxen in sportliche Bahnen zu lenken. In Mißkredit bringt den Boxsport auch leider heute noch manchmal das Profilager. Wenn ein junger gesunder Mann, der entsprechende Anlagen mitbringt, sich im Boxring als Profi bewähren möchte, dann sollte man den Mann das ohne viel Aufhebens versuchen lassen. Aber leider lassen manchmal allzu geschäftstüchtige Manager die sportlichen Belange des Boxens außer acht. Die Gesundheit eines jungen Profiboxers gilt dann kaum etwas und nur zu oft werden diese aus Geschäftsinteresse "verheizt". Es wäre an der Zeit, daß sich auch im Profilager endlich die verantwortungsbewußten Kräfte durchsetzen, denn auf Kosten von in Bargeld umwandelbaren Sensationen wird hier dem Boxen selbst schwerer Schaden zugefügt.

Ist Boxen gefährlich?

Man hat schon von schweren Boxunfällen gehört oder gelesen. Vor allem bei Berufsboxern, die mit 6-Unzen-Handschuhen kämpfen, kommen solche Unfälle vor. Sie sind aber auch schon bei Amateur-Veranstaltungen aufgetreten. Soll man deswegen das Boxen verbieten? Das hat schon der römische Kaiser Theodosius (400 n. Chr.) versucht ... und es wurde trotzdem weiter geboxt.

Ähnlich wie in anderen Sportarten im Laufe der Jahre ein Ansteigen der Rekorde zu verzeichnen ist, wächst auch im Boxen die Technik und Schlagkraft der Spitzenkämpfer. Während man früher im "Cowboy-Stil" ausholte und "Schwinger" austeilte oder den Gegner mit einem "Rundschlag" (man dreht sich zum Schlagen zunächst einmal um die eigene Achse) attakierte, schlägt heute selbst jeder mittelmäßige Boxer **ansatzlos**. Durch diese Weiterentwicklung muß der Kämpfer zahlreichere und härtere Treffer einstecken.

Anderseits scheint die Empfindlichkeit des Menschen gegen harte Kopftreffer oder häufige Schlageinwirkung nicht trainierbar zu sein. Besondere Schutzvorrichtungen sind nicht überaus wirksam. Kopfpolster werden zwar vielfach beim Training und z. B. bei Armeeboxkämpfen in den USA getragen, sind aber beim Kampf hinderlich und verrutschen leicht. Eine weichere Matte zur Verhinderung von Sturzverletzungen würde zwar einen eventuellen Fall besser dämpfen, behindert aber andererseits auch die Beinarbeit. Vielleicht wird es im Laufe der Zeit durch systematische Untersuchung und Entwicklung möglich sein, verbesserte Schutzvorrichtungen zu schaffen.

Die z. Z. beste und wichtigste Möglichkeit, den jungen Kampfboxer vor Schäden zu bewahren, besteht immer noch darin, streng darüber zu wachen, daß jeder Aktive vor dem Kampf **gründlich** untersucht wird und sofort Startverbot erhält, wenn er nicht "top fit" ist. Sekundant, Arzt und Ringrichter müssen während des Kampfes sehr sorgfältig auf Anzeichen beginnender Kampfuntauglichkeit achten und sofort eingreifen, wenn Gefahr droht. Es wäre erstrebenswert, wenn **alle** Meisterschaften mit 12-Unzen-Handschuhen ausgetragen würden - die Härte von Treffern würde gemildert. In der Punktwertung sollte die Verteidigung genauso hoch bewertet werden, wie der (oft primitive)

Angriff. Vor allem muß technisch gutes Faustfechten höher bewertet werden, als wildes Schlagen. Auf jeden Fall kann man feststellen, daß die Grundschule des Boxens, also das Training, daß der Anfänger zunächst absolvieren muß, (Gymnastik, Gerätearbeit, Partnerübungen usw.) **keine** besonderen Gefahren in sich birgt. Der Amateurboxkampf selbst ist nur dann gefährlicher als ein Wettkampf in anderen Sportarten, wenn er unsachgemäß oder ohne Rücksicht auf die Gesundheit der Kämpfer betrieben wird. Es ist und bleibt unbedingt notwendig, Kämpfer und Kampfverlauf ärztlich zu überwachen und alle geltenden Schutzbestimmungen peinlich genau einzuhalten oder evtl. noch zu verschärfen.

Sport oder Sensation

Wir erleben bei Boxveranstaltungen immer wieder ein Heer von Zuschauern, die kommen, um dabei gewesen zu sein und im wesentlichen nach Blut und Niederschlag lechzen. Natürlich geben sich diese Leute "sachverständig". Aber kann sich wirklich jemand, der diesen Sport nie betrieben hat, ein Urteil über den Kampfverlauf erlauben?

Ist es der Sinn des Sportes, die Massen in hektische Erregung zu versetzen und alles dafür zu tun, besetzte Zuschauer-Tribünen zu haben? Oder sollte es nicht das eigentliche Anliegen des Sportes sein, die Massen zum selbst-Sport-treiben zu bewegen?

Auf die Schau des Profiboxens kann man nicht ohne weiteres Einfluß nehmen. Hier werden die Gesetze des Geldverdienens und der hochgespielten Sensationen vorerst ihre Gültigkeit behalten müssen. Die Amateur-Organisationen sollten aber größeren Wert auf die Werbung von neuen Übenden (je jünger je besser) legen. Sie sollten darauf achten, daß unsere Spitzenboxer ein **Leitbild** für Anfänger und Durchschnittsboxer sind und bleiben und keine Stars für neureiche Ringplatz-Abonnenten werden.

Ein junger Mann soll körperlich üben und kämpfen - auch in einem Boxkampf, selbst auf die Gefahr hin, daß es dabei gelegentlich etwas rauh zugeht. Denn nur der Kampf macht aus dem schüchternen unsicheren Neuling den Mann, der sich durch eine gesunde robuste seelische Haltung und entsprechendes Selbstvertrauen auszeichnet.

Die Geschichte des Boxens

Die Kunst mit den Fäusten zu kämpfen, ist schon Jahrtausende alt. In einem etwa 7000 Jahre alten sumerischen Tempel findet sich eine Darstellung boxender Männer. Bei den Ägyptern war der Boxkampf bereits vor fast 5000 Jahren bekannt. In China blickt das Boxen ebenfalls auf eine sehr lange Tradition zurück (siehe das Buch **KUNG FU... Das chinesische Boxen**, erschienen im gleichen Verlag).

Die Griechen haben schon in früher Zeit den Boxkampf gepflegt und räumten ihm in ihren Leibesübungen einen wichtigen Platz ein. Seit den 23. antiken Olympischen Spielen (688 v. Chr.) befand sich Boxen im Wettkampfprogramm. In der Ilias beschreibt Homer einen Boxkampf.

Auch bei den Römern wurde geboxt - zunächst mit um die Hände gewickelten Riemen. Auch ein "Ohrenschutz" war schon bekannt (siehe Bild 1).

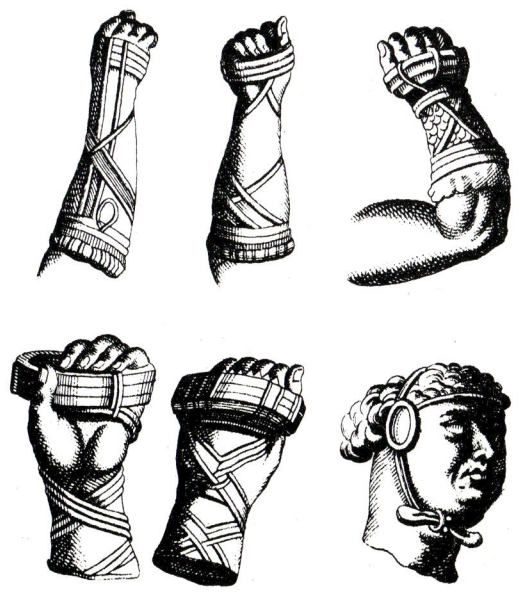

Bild 1

13

Später wurden "Profi-Kämpfe" auf Leben und Tod ausgetragen. Dabei wurde der Caestus, ein Handschuh, der mit Metalldornen versehen war, benutzt. Im Mittelalter galt Boxen als Teil des "Freiringens" und wurde in den damaligen Fechtschulen gelehrt (siehe Hintergrund Bild 2).

Das moderne Boxen entwickelte sich im 17. Jahrhundert in England. Der Fechtlehrer James Figg gilt als der Begründer der "manly art of selfdefence". Es wurde mit bloßen Fäusten geboxt.

1680 fand in London (nach Meldung einer damaligen Zeitung) bereits die erste Boxmeisterschaft statt.

Um 1740 stellte der Engländer Jack Brougthon feste Kampfregeln auf - er gilt auch als Erfinder des Boxhandschuhs. In der zweiten Hälfte des 19. Jahrhunderts setzt sich allmählich eine humane Kampfweise durch.

1866 stellte der Marquis of Queensberry die "Regeln des Boxens mit Handschuhen" auf, nach denen nun auch in Amerika, wo sich der Boxsport stark verbreitet, gekämpft wird. Auf Grund der Initiative einer amerikanischen Sportzeitung wurden die Regeln erneut verbessert und der **Boxtechnik** gegenüber dem wilden Schlagen der Vorzug gegeben.

1904 werden zum ersten Mal bei den Olympischen Spielen in St. Louis Boxwettbewerbe ausgetragen, an denen allerdings nur Amerikaner teilnehmen.

Allmählich greift der Boxsport, aber auch auf andere Nationen über.
In Deutschland bestand (außer in den Hansestädten) bis zum Jahre 1918 ein
polizeiliches Boxverbot. Dessen ungeachtet, entwickelte sich das Boxen in
den Hinterzimmern von Lokalen. 1912 wurde der e r s t e deutsche Boxclub,
der SV Astoria-Berlin, von Leonhard Mandler, dem Nestor des deutschen
Boxsportes, gegründet.

Nach dem 1. Weltkrieg wurde Boxen in Deutschland von aus englischer
Kriegsgefangenschaft zurückkehrenden Soldaten, die dort das Boxen erlernt
hatten, populär gemacht. Sie brachten Kampfgeist und eine gute sportliche
Schulung aus England mit. Veranstaltungen mit diesen Boxern erregten Inter-
esse und förderten die Entstehung von Boxvereinen in ganz Deutschland.
Nachdem 1920 das Boxverbot aufgehoben worden war, konnte dann offiziell
der erste deutsche Boxverband gegründet werden. Im selben Jahr wurde auch
die erste deutsche Meisterschaft ausgetragen.
Es wurden Vergleichskämpfe mit ausländischen Boxern veranstaltet und
immer mehr Anhänger für diesen Sport gewonnen. Auch das Können der
Spitzenboxer verbesserte sich nach und nach.
1930 wurde Max Schmeling Schwergewichtsweltmeister der Profiboxer und
trug damit viel zur Popularität des Boxens in Deutschland bei. Den größten
Erfolg errang Deutschland 1936 bei der Olympiade in Berlin. Neben zwei
Silber- und einer Bronzemedaille errangen zwei Kämpfer, Willi Kaiser im
Fliegen- und Herbert Runge im Schwergewicht, Goldmedaillen.
Auch die neuere Deutsche Boxgeschichte ist nicht arm an hervorragenden
Kämpfern: **Gustav Eder**, Europameister im Weltergewicht und langjähriger
Deutscher Meister, der auch in den USA kämpfte.
Adolf Heuser, der "Serienschläger", Deutscher Meister und Europameister im
Halbschwergewicht, der bei seinem Weltmeisterschaftskampf nur knapp nach
Punkten unterlag.
Walter Neusel, genannt der blonde Tiger, ein Weltspitzenmann im Schwerge-
wicht, der sich besonders auch in England großer Popularität erfreute, kämpfte
auch in den USA erfolgreich.
Jupp Besselmann, der großartige Deutsche- und Europameister im Mittelge-
wicht. **Hein ten Hoff**, Europameister der Amateure **und** der Profis im Schwer-
gewicht. **Heinz Neuhaus**, Deutscher- und Europameister im Schwergewicht.
Conny Rux, und **Erich Schöppner**, Deutsche- und Europameister im Halb-

schwergewicht **Gerhard Hecht, Hans Stretz** und **Wilhelm Hoepner** - Spitzen-athleten ihrer Klasse. Ganz besonders zu erwähnen das Boxidol der Berliner **Gustav ("Bubi") Scholz**, Deutscher- und Europameister im Mittel- und später im Halbschwergewicht, der nach technisch großartigem Kampf gegen Johnson um die Halbschwergewichtsweltmeisterschaft nur knapp unterlag. Bemerkenswert auch, daß er sich nach seiner Boxkarriere als Geschäftsmann erfolgreich durchsetzte.

In den letzten Jahren brachte **Eckhard Dagge** durch die Erringung des Weltmeistertitels im Juniormittelgewicht dem deutschen Boxen neue Popularität, zumal er seinen Titel 2x (gegen Griffith und Hope) erfolgreich verteidigte, bis er ihn an den Italo-Australier Mattioli verlor.

Das Boxen hat sich einen festen Platz im Deutschen Sport erobert. Über 40000 Boxer trainieren in den Amateurvereinen. Die Spitzenkämpfer tragen regelmäßig Landes- und Deutsche Meisterschaften aus und nehmen mit Erfolg an internationalen Begegnungen teil. Auch Militär und Polizei-Meisterschaften werden regelmäßig ausgetragen.

Gymnastik und Vorübungen

Für **j e d e n** Menschen ist es angebracht, für den Leistungssportler jedoch unerläßlich, einen möglichst großen Teil seiner Muskulatur leistungsfähig zu machen und leistungsfähig zu erhalten. Wenn auch die boxerischen Übungen eine große Anzahl von Muskeln beanspruchen, so reicht dieses Training für den Leistungssportler nicht aus. Es ist für ihn wichtig, den Körper über dieses Maß hinaus zu trainieren. Dazu ist die Gymnastik, die ohnehin zum Aufwärmen vor jeder Übungsstunde durchgeführt werden soll, ein geeignetes Mittel.

Wir unterscheiden Kraft- und Schnellkraftübungen sowie Geschmeidigkeits- und Entspannungsübungen.

Die **Kraftübungen** sollen die Muskulatur entwickeln und mechanisch und physiologisch leistungsfähiger machen.

Die **Schnellkraftübungen** dienen dazu, den Körper zu ruckartigen Bewegungen zu befähigen.

Die **Geschmeidigkeitsübungen** sollen dem Körper hohe Beweglichkeit verleihen. Dazu ist es u.a. nötig, durch systematisches Üben die Sehnen elastischer zu machen.

Die **Entspannungsübungen** dienen dazu durch anstrengendes Training entstandene Muskelverkrampfungen zu lösen und den Körper auch nach großer Anstrengung zu beruhigen und zu lockern.

Die einzelnen Übungen sollen von Anfängern einige Male durchgeführt werden; Fortgeschrittene müssen die Übungen wesentlich öfter wiederholen.

Bei den einzelnen gymnastischen Übungen überschneiden sich vielfach die geschilderten Wirkungen. Auch werden bei vielen Gymnastikübungen verschiedene Körperteile gleichzeitig belastet.

Im Folgenden sollen die wichtigsten Übungen für eine boxerische Gymnastik in der Reihenfolge der Körperpartien, die dabei am meisten beansprucht werden - aufgeführt werden.

Für eine intensivere Beschäftigung mit dem Thema empfehlen wir die Bücher: **GYMNASTIK...** Körperschule die Spaß macht, sowie **Modernes Krafttraining...** Gewichtheben für Fitness und Leistungssport, die ebenfalls im Verlag Weinmann erschienen sind.

Halsmuskulatur

Kopfkreisen im Stand, links und rechts herum (Bild 3).
Kopfreißen, nach rechts und links. Das Kinn befindet sich einmal über der einen, einmal über der anderen Schulter (Bild 4).

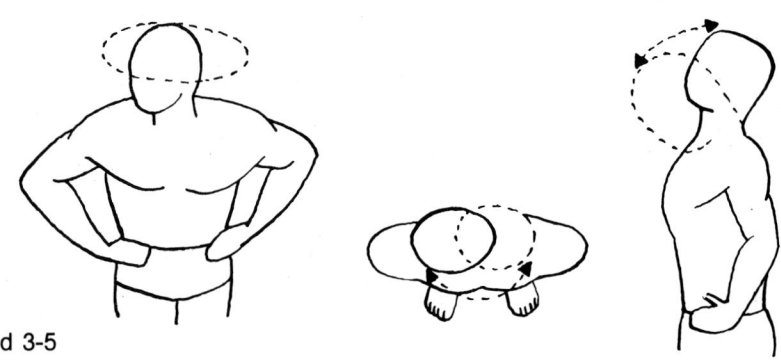

Bild 3-5

Kopfnicken, vor und zurück, dabei soll der Oberkörper locker und entspannt sein. Das Kinn berührt die Brust, sodann wird der Kopf ruckartig in den Nacken gelegt und wieder zurückgenommen (Bild 5).

Arm - und Schultermuskulatur

Liegestütz mit Durchrollen: Den Oberkörper von vorn nach hinten und von hinten nach vorn schieben. Das Gesäß darf dabei nicht zu weit über den Boden gehoben werden (Bild 6).
Liegestütz mit gestrecktem Körper - auf und nieder.
Beim Liegestütz die Arme breit aufsetzen und den Oberkörper flach über den Erdboden bis an die linke Hand, dann wieder bis an die rechte Hand heran-schieben (Bild 7).
Schulterrollen: Im Stand die Schultern locker und entspannt von vorn nach hinten und zurückrollen lassen. Beim Zurückziehen der Schulter den Brustkorb möglichst stark dehnen (Bild 8).

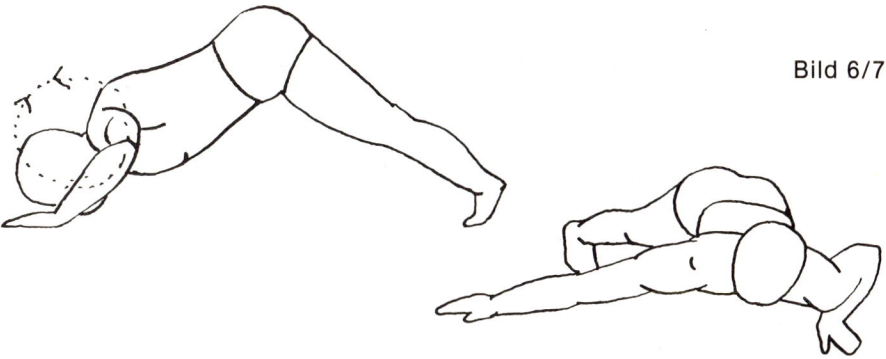

Bild 6/7

Man bringt die Arme in Seithalte und winkelt abwechselnd und schnell den linken oder rechten Unterarm so an, daß die Fingerspitzen die Schulter berühren (Bild 9).

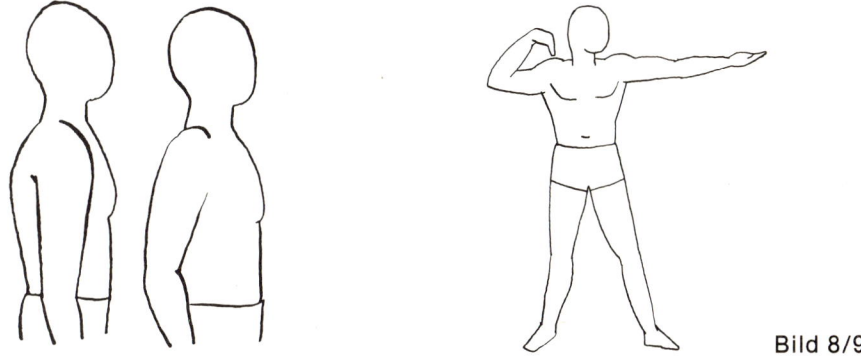

Bild 8/9

Armkreisen: Die gestreckten Arme sollen rechts und links neben dem Körper große Kreise beschreiben. Dieses Kreisen soll schnell erfolgen; evtl. können rechter und linker Arm auch in entgegengesetzter Richtung kreisen.

Die Arme werden waagerecht nach vorn gestreckt. Man schlägt die Hände abwechselnd schnell übereinander, bis die Arme nahezu senkrecht sind und führt dann die Bewegung rückläufig aus, bis die Arme sich wieder in der Waagerechten befinden. Es ist dabei auch möglich, das Übereinanderschlagen der Hände in Vorhalte auszuführen.

19

Bauchmuskulatur

Man liegt auf dem Rücken oder sitzt. Die gestreckten Beine werden angehoben und man führt mit den Füßen Kreisbewegungen von außen nach innen aus (Bild 10).
Man sitzt auf dem Boden, hebt den Oberkörper und die Beine an und grätscht und schließt abwechselnd beide Beine. Im Sitzen hockt man beide Beine an (Knie an die Brust) und stößt dann die Fußspitzen nach vorn.
Beine und Fußspitzen strecken und im Sitzen Schenkel über Schenkel scheren und auf und ab führen.
Aus der Rückenlage die Beine und den Oberkörper gleichzeitig nach oben schnellen lassen und dabei ausatmen (Bild 11).

Bild 10/11

In der Rückenlage die gestreckten Beine nach hinten führen (die Zehenspitzen berühren den Erdboden) dann zurück, den Oberkörper aufrichten und nachfedern, so daß die Fingerspitzen die Zehen und der Kopf die Knie berühren.
Im Liegen die Beine zum rechten Winkel anheben und dann seitwärts nach links und rechts führen. Die Arme bleiben seitlich vom Körper am Boden liegen.

Rückenmuskulatur

In der Bauchlage werden Oberkörper und Beine abwechselnd nach oben geschwungen. Bei erhobenem Oberkörper kann man auch mit den Armen kreisen (Bild 12).

Man reißt im Stand abwechselnd das linke und rechte Knie an die Brust (Bild 13).

Im Stand bringt man mit gestreckten Knien den Oberkörper nach vorn, so daß die Fingerspitzen bzw. Handflächen den Boden berühren. Man kann auch mit den Händen im Halbkreis um die eigenen Füße greifen (Bild 14).

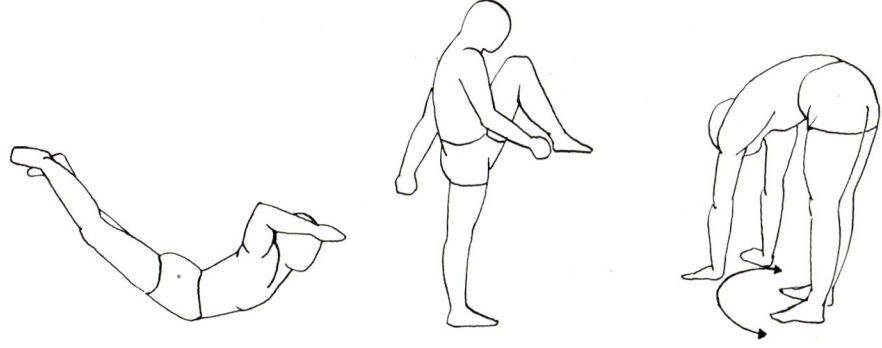

Bild 12-14

Man faßt im Stand mit den Händen die eigenen Fersen und zieht die Stirn zu den Knien (Bild 15).

Man steht in Schulterbreite und beugt den Oberkörper im rechten Winkel nach vorn. Nun berührt man ruckartig abwechselnd mit der linken Hand die rechte Zehenspitze und mit der rechten Hand die linke Zehenspitze (Bild 16).

Die Arme werden im Stand nach vorn gestreckt. Abwechselnd wird mit dem rechten gestreckten Bein an die linke Hand und mit dem linken gestreckten Bein an die rechte Hand geschlagen (Bild 17).

Bild 15-17

Man liegt auf dem Rücken. Die Beine werden geschlossen und gestreckt nach hinten geführt, bis die Zehenspitzen den Boden berühren. Die Zehenspitzen beschreiben nun einen weiten Kreisbogen von links nach rechts und zurück.

Übungen für die Hüfte

Man liegt auf dem Rücken. Die Beine werden geschlossen und gestreckt nach hinten geführt und man beschreibt mit ihnen große Kreise direkt über der Stirn.
Im Stand bringt man beide Arme entspannt nach oben und läßt dann den Oberkörper abwechselnd nach rechts und links in die Hüfte fallen.
Man sitzt mit gespreizten Beinen auf dem Boden und hält die Arme in Seithalte. Nun berührt man mit der rechten Hand die linke Fußspitze und mit der linken Hand die rechte Fußspitze.
Man hebt die Arme locker über den Kopf und faßt mit einer Hand das Handgelenk der anderen Hand. Nun beschreibt man im Stand mit dem Oberkörper, die Hüfte bewegend, große Kreise.

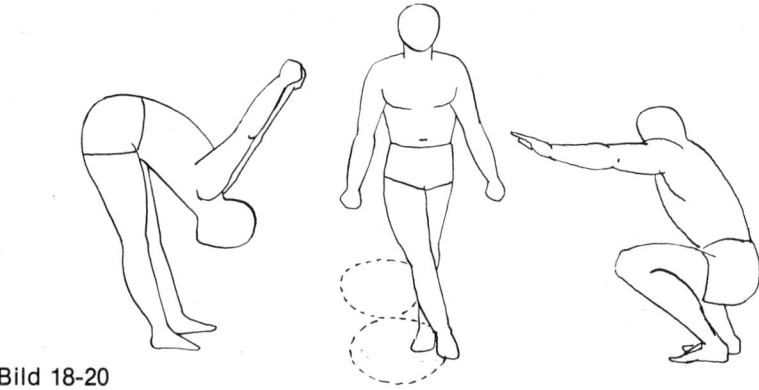

Bild 18-20

Man erfaßt im Stand mit einer Hand das Handgelenk der anderen Hand, bückt sich und reißt die Arme nach hinten hoch (Bild 18).
Man beschreibt im Stand mit einem Bein in der Hüfte eine 8; anschließend Beinwechsel (Bild 19).

22

Beinmuskulatur

Kniebeugen: Die Füße stehen in Schulterbreite; der ganze Fuß ist aufgesetzt (Ferse am Boden). Man geht in die Hocke und federt zweimal nach. Anschließend aufrichten und wiederholen (Bild 20).
Verharren im Kniestand (halbhoch - nach Zeit).

Partnerübungen

Partner A sitzt mit gespreizten gestreckten Beinen auf dem Boden und hat die Arme hinter dem Kopf gefaltet. Partner B belastet die Beine. Partner A führt nun Kreisbewegungen links und rechts herum aus der Hüfte aus.
Partner A liegt auf dem Rücken und hat die Füße (Fersen dicht am Gesäß) aufgesetzt. Partner B hält die Beine fest. Partner A hebt nun seinen Oberkörper vom Boden nach oben, so daß der Brustkorb die Oberschenkel berührt.
Partner A liegt auf dem Rücken und hat Beine und Arme in Körperrichtung ausgestreckt. Partner B hält die Beine fest. Partner A führt den Oberkörper mit gestreckten Armen aufwärts und nach vorn (Kopf berührt die Knie, Fingerspitzen die Zehen), federt zweimal nach und legt den Körper wieder langsam nach hinten ab.

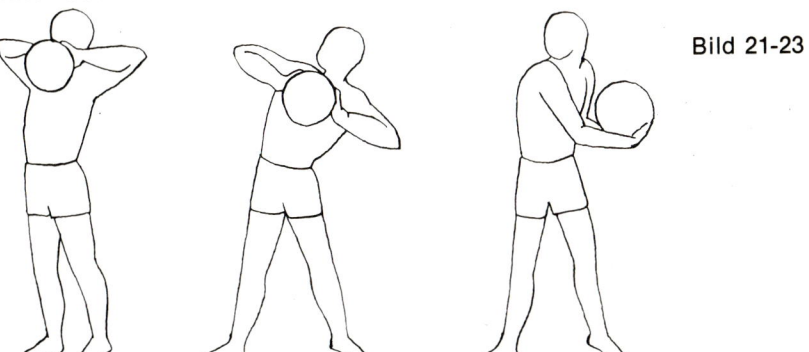

Bild 21-23

Übungen mit dem Medizinball

Man stößt den Ball mit gestreckten Armen schnell und unter Druck mit beiden Händen vom Brustbein weg nach vorn (Bild 21).

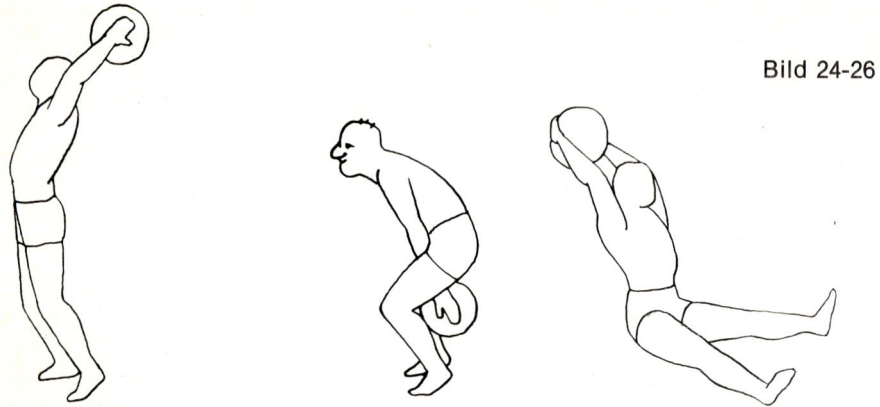

Bild 24-26

Man stößt den Ball mit einer Hand abwechselnd rechts und links (Bild 22).

Man wirft den Ball mit Rumpfdrehung (Bild 23).

Den Ball mit nach hinten gestreckten Armen über den Kopf nach vorn werfen (Bild 24).

Den Ball mit beiden Händen zwischen den eigenen gegrätschten Beinen hindurch nach oben werfen (Bild 25).

Bild 27-29

Im Sitzen werfen, stoßen und fangen üben (Bilder 26-29).

24

Hantelübungen

Hanteln sind besonders für das Krafttraining des Boxers geeignet. Man verwendet im allgemeinen Scheibenhanteln. Man sollte keine zu schweren Gewichte benutzen, dafür aber die Übungen oft wiederholen. Der Lehrer muß das Gewichttraining individuell auf den Schüler und dessen körperliche Verfassung abstimmen. Ein Training mit Hanteln und Rundgewichten ist auch besonders zur Erlangung und Verbesserung der für den Boxer so wichtigen Schnellkraft geeignet. Dafür ein Beispiel:
Man nimmt im Stand kleine Hanteln in die Fäuste und führt damit folgende Bewegung aus:
Armkreisen.
Vor- und Zurücknehmen der Arme.
Führen der Arme nach oben und seitwärts bzw. nach oben und vorn.
Auch die in anderen Sportarten üblichen Übungen mit Gewichten oder die Benutzung einer Kraftmaschine sind zu empfehlen.
Das Training mit Gewichten sollte möglichst häufig, z. B. nach dem eigentlichen Boxtraining oder im Rahmen einer individuellen Morgengymnastik durchgeführt werden.

Schattenboxen

Eine spezielle boxerische Übung ist das Schattenboxen. Man "kämpft" mit einem gedachten Gegner und führt locker und beweglich alle Phasen von Angriff und Verteidigung, wie bei einem richtigen Boxkampf aus. Man bewegt sich schnell auf den Füßen und reagiert zweckentsprechend auf die angenommenen Bewegungen des Scheingegners. Dabei sollte man keine unnötigen Schritte und Bewegungen machen, sondern seine Schlagkombinationen sowie die Beinarbeit möglichst rationell vervollkommnen.
Es ist auch möglich, das Schattenboxen vor einem Spiegel auzuführen. Dabei kann man sich vor allem auch im "Fintieren", d. h. im Vortäuschen von Bewegungen, die den Gegner aus seiner Reserve und Deckung locken und Blößen schaffen sollen, üben.
Eine gute Übung im Rahmen des Schattenboxens ist es auch, kleine Hanteln in die Fäuste zu nehmen und damit schnell und möglichst oft Boxstöße auszuführen.

Waldlauf

Bild 30

Jeder Boxer sollte so oft wie möglich durch nicht allzu ebenes Gelände laufen (Bild 30). Der Lauf hat außerordentlich günstige Einwirkungen auf die inneren Organe. Herz und Lunge werden durch den Lauf zu Höchstleistungen veranlaßt. Durch die gesteigerte Tätigkeit dieser Organe geht der Stoffwechsel schneller und intensiver vor sich. Ermüdungsstoffe werden aus dem Körper an die Oberfläche der Haut getrieben. Die Herzmuskulatur wird gekräftigt. Unsere inneren Organe (von ihnen hängt die Kondition ab) benötigen Entwicklungsreize, die sie nur dann erhalten, wenn von ihnen in entsprechenden Abständen Höchstleistungen verlangt werden.

Intervalltraining

Bei den Verantwortlichen des Boxsports steht diese Übungsform (ebenso wie in anderen Sportarten) "hoch im Kurs". Es gibt zahlreiche "hochwissenschaftliche" Übungsprogramme.

Das Intervalltraining besteht in einem Wechsel von Spannung und Entspannung. Ein Beispiel ist der Lauf: Kurzen schnellen Sprints folgen langsamere

Laufphasen, unterbrochen von Gehpausen. Ob diese "modernen Intervallsysteme" wirklich so neu sind, ist jedoch eine Frage, denn der Wechsel zwischen großer Anspannung und relativ ruhigem Üben von Kampf - und Pause ist im Boxsport schon seit alters her bekannt.

Eine echte Neuerung wäre ein System, bei dem ohne langwieriges und anstrengendes Training eine gute Kondition erzielt würde. Dieses "System" wird aber wohl auch für die Zukunft Wunschtraum bleiben. Deshalb gibt es für einen Leistungssportler, der voran kommen will, nur eine Alternative:

Üben! Üben! Üben!

Es scheint mir für den Boxer besonders angebracht, in individuellem Tempo viel Gymnastik mit und ohne Gerät zu machen, mit Medizinball, Rundgewichten und Scheibenhantel zu üben, Waldläufe zu machen und sich auch in gewissem Umfang in anderen Sportarten, wie Leichtathletik, Basketball, Handball oder ähnlichem zu betätigen. Der Erfolg wird umso größer sein, je umfangreicher und intensiver der Boxer seine Körperschule langfristig gestaltet.

Die Geräte für das Boxtraining

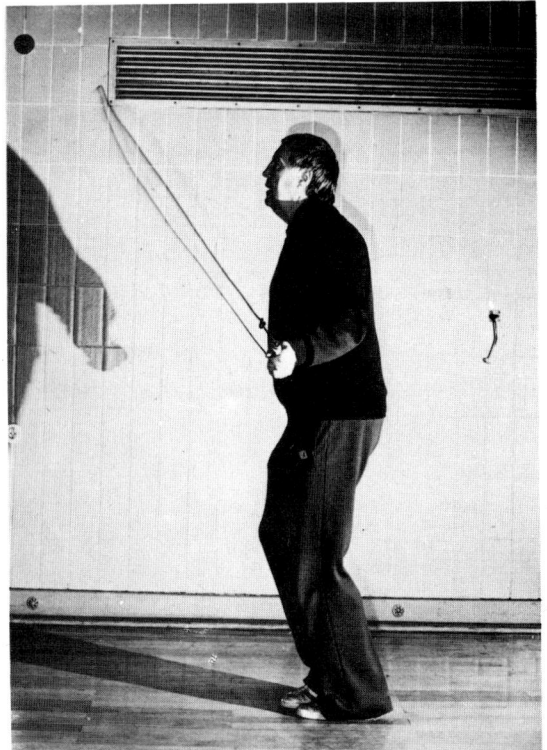

Bild 31

Das Sprungseil

Dieses für den Boxer unerläßliche Gerät dient zur Kräftigung der Beinmusku-
latur und zur Erlangung von Ausdauer und Beweglichkeit. Es besteht aus Hanf,
Gummi oder Leder (Bild 31). Die Länge des Seils richtet sich nach der Körper-
größe des Übenden. Tritt man auf die Seilmitte und zieht die Seilenden bis zur
Hüfte hoch, hat man die richtige Länge.

Beim Springen bleiben die Arme dicht am Körper, nur die Unterarme drehen
das Seil. Dadurch verändert sich dessen Länge nicht. Man soll locker und
entspannt, abwechselnd auf dem linken und rechten, gelegentlich mit beiden
Beinen springen.

Das Wandpolster

Ein flaches, ledernes Polsterkissen, das fest an der Wand befestigt ist. Es ist besonders für Anfänger geeignet, um gerade Stöße zu erlernen (Bild 32/33).

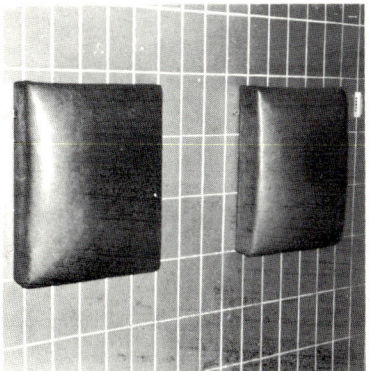

Bild 32/33

Die Maisbirne

Sie besteht aus einem birnenförmigen Ledersack, der einen mit Mais gefüllten Leinensack enthält und an einem Seil aufgehängt ist. Die Maisbirne dient zum Erlernen von Boxschlägen, besonders von Graden und Aufwärtshaken (Bild 34). Der Schüler entwickelt beim Üben mit diesem Gerät Distanzgefühl.

Bild 34

Der Sandsack

Dieses Gerät dient vor allem zur Erhöhung der Schlagkraft und zum Üben von Schlagserien. Es besteht aus einem von der Decke herunterhängenden Leder-sack, in dem sich ein mit Sand gefüllter Stoffsack befindet. Zwischen beiden liegt eine Roßhaar- oder Filzschicht, um eine gute Federung zu erreichen, die Schläge mit voller Kraft erlaubt. Am Sandsack können Gerade und Haken geübt werden (Bild 35).

Bild 35

Die Plattformbirne

Ein birnenförmiger Lederball, der eine luftgefüllte Gummiblase enthält wird mit seinem schmalen Ende an einer Plattform locker aufgehangen, so daß er frei pendelt. An diesem Gerät kann man Schläge rhythmisch üben (Bild 36).

Bild 36/37

Der Doppelendball

Ein runder Lederball mit luftgefüllter Gummiblase (Durchmesser 25 cm), der durch Gummizüge an der Decke und am Erdboden befestigt, in Kopfhöhe hin- und herpendelt. Dieses Gerät ist zum Üben aller Schläge geeignet und dient zur Schulung von Schlaggenauigkeit und Reaktionsvermögen eines Boxers (Bild 37).

Der Punktball

Ein Lederball, der die Größe eines Tennisballs hat und locker von der Decke herunterhängt. Das Gerät ist zum Üben aller Schläge geeignet. Man erreicht eine gute Schulung der Treffsicherheit, da das Gerät schwer zu treffen ist.

Handpolster

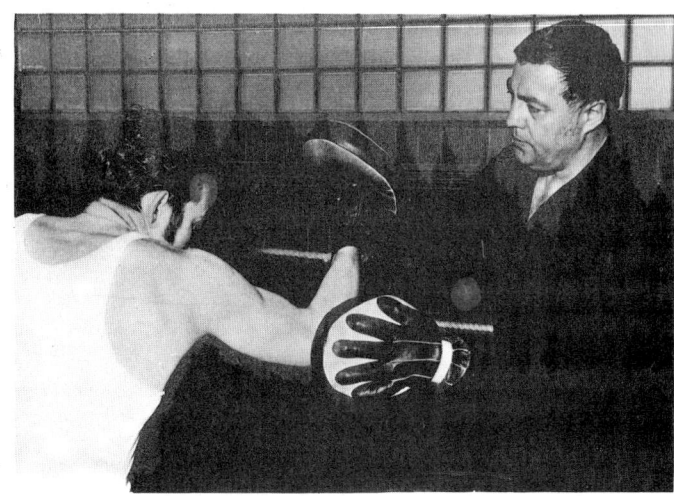

Bild 38

An einem Handschuh, in den man mit einer Hand fährt, ist ein ovales Lederkissen befestigt. Dies dient als Zielscheibe für Schläge. Der Trainer zieht ein oder zwei Handpolster über seine Hände und läßt den Schüler immer wieder neue Schlagbewegungen ausführen (Bild 38). Auf diese Weise wird das Schlagen aus der Bewegung geübt.

Der Ring

Bild 39

Der Boxring hat eine quadratische Fläche mit einer Seitenlänge von 5 - 6 m. Er wird durch drei Ringseile, die eine Stärke von 2,5 cm haben, abgegrenzt. Die Seile werden, um Hautabschürfungen zu vermeiden, mit Stoff umwickelt. Die

Verspannung in den vier Ecken wird durch dicke Polster verdeckt, die verschiedenartig überzogen sein können. Die rote und blaue Polsterung sind die Kämpferecken. Die beiden weißen Polster sind die neutralen Ecken.
Der Ringboden besteht aus weichem 2 - 3 cm dicken Filzbelag, der mit einer straffgespannten Zeltplane überdeckt ist (Bild 39).

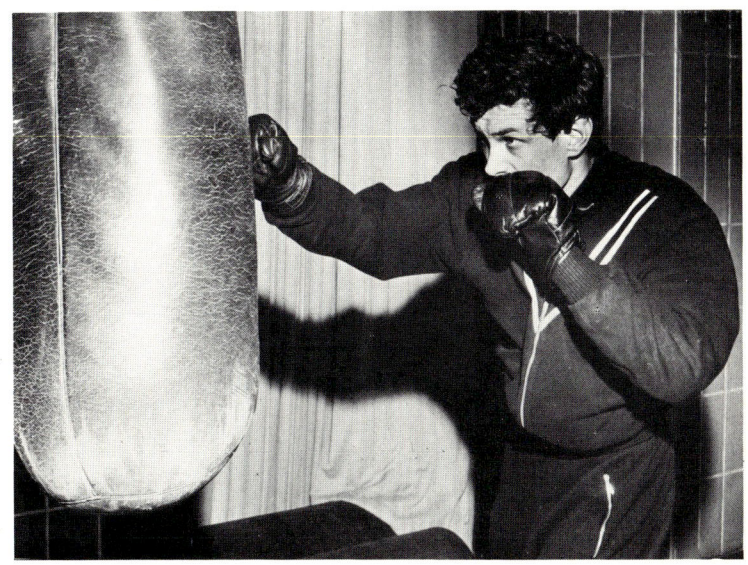

Bild 40

Die Ballhandschuhe

Sie sind aus festem Leder und haben eine Filz- oder Haarschicht auf der Handrückseite. Die Ballhandschuhe sind zum Gerätetraining bestimmt und schützen die Fäuste vor Verletzungen wie z. B. Hautabschürfungen oder ähnlichem (Bild 40).

Bandagen

Die Bandagen (Länge bis 2.50 m, Breite 4-5 cm) haben die Aufgabe, Handgelenk und Daumen vor Verstauchungen zu schützen. Man bindet vom Daumen her in einer Schlaufe über Handgelenk und Knöchelpartie wieder zum Daumen zurück (Kreuzverband).

33

Die Boxhandschuhe

Dies sind mit Roßhaar gefüllte und weichem Leder überzogene Fäustlinge (Bild 41). Man unterscheidet je nach Gewicht Trainings- und Kampfhandschuhe. Zum Sparring (Trainingskampf mit Partner) benutzt man stark

Bild 41

gefütterte Handschuhe mit 10, 12, 14 oder 16 Unzen. Die Kampfhandschuhe wiegen 8 Unzen bei Amateur - und 6 Unzen bei Berufsboxkämpfen (eine Unze - englische Gewichtseinheit = 28,4 g). In den USA wird (vom Mittel bis Schwergewicht) in verschiedenen Staaten bei Amateuren mit 10 Unzen und bei den Profis mit 8 Unzen gekämpft. In Amerika werden auch Boxhandschuhe aus Schaumgummi hergestellt. In Rußland erprobt man "Luftpolsterhandschuhe".

Der Kopfschutz

Er besteht aus einem mit weichem Leder überzogenen Schaumgummipolster das über den Kopf gestülpt wird und beim Sparring vor Verletzungen der Augenbrauen und Ohren schützt (Bild 42). In Schweden (nur Amateurkämpfe) und bei der amerikanischen Armee darf **nur** mit Kopfschutz geboxt werden.

Der Tiefschutz

Er schützt vor Schlägen, die zufällig unter die Gürtellinie treffen und muß bei jedem öffentlichen Kampf getragen werden. Er besteht aus Kunststoff oder Aluminium und wird von einem Gummi- oder Stoffgürtel gehalten.

Der Zahn - und Mundschutz

Er wird aus weichem Kautschuk hergestellt und schützt vor Verletzungen der Zähne und Lippen.

Die Ausbildung des Amateurboxers

Neben der technischen Entwicklung gilt es, die Entwicklung der Organ- und Muskelkraft zu fördern. Dies wird durch eine regelmäßige gute Körperschule, die umfang- und abwechslungsreich sein sollte, erreicht. Läufe, Gymnastik mit und ohne Gerät und die Arbeit mit Scheibenhantel und Rundgewichten wechseln sich ab. Zusätzlich eignet sich für den Boxer Leichtathletik, Hand und Basketball, denn Lauf, Wurf, Stoß- und Schnellkraftübungen sind eine wertvolle Ergänzung zum Kampftraining. Von großem Vorteil ist es, wenn sich der Boxer auch außerhalb seines Trainings täglich mit Gymnastik beschäftigt, denn für die Leistungen mitbestimmend ist die gleichmäßige Ausbildung aller Muskelgruppen. Erst wenn die Kraft aller Muskeln in einem richtigen Verhältnis zueinander steht, kann die bestmögliche Leistung erzielt werden. Durch ständiges Üben muß eine Koordination aller Muskeln sowie höchste Leistungsfähigkeit der Nerven und Sinnesorgane erreicht werden.

Das Erzielen einer Höchstleistung setzt nicht nur Ausdauer, Kraft und Beweglichkeit voraus, sondern vor allem auch kämpferische Qualitäten und technisches Können. Voraussetzung ist die Beherrschung der Grundschule und die Erziehung zum Kämpfer. Gerade aus Letzterem ergibt sich der große ethische und erzieherische Wert des Faustkampfes.

Die Grundschule gibt dem Anfänger das notwendige Rüstzeug für seine weitere Entwicklung. Beim Fortgeschrittenen wird die Grundschule erweitert und individuell verarbeitet, woraus sich der persönliche Stil entwickelt. An den wichtigsten Schlaggeräten, wie Maisbirne, Sandsack, Wandpolster und Doppelendball wird die Arbeit verstärkt betrieben. Die Stoß- und Schlagbewegungen werden nach schulmäßigem Üben auch kampfmäßig ausgeführt, so als ob wir einen Gegner vor uns hätten. Am Sandsack kann man besonders Schlagkraft und Schlagserien üben. Am Doppelendball erlernt man genaues und schnelles Schlagen.

Die Aufgabe den Trainingsablauf für Leistungsboxer im einzelnen festzulegen, muß der individuellen Gestaltungskraft eines guten Trainers überlassen bleiben, denn es gibt keine festen Normen. Ich halte es für sehr wichtig, auf die Mentalität des Schülers einzugehen und die Besonderheiten seines Charakters, bzw. seine Stärken und Schwächen zu berücksichtigen.

Das Training beginnt mit Übungen zum Auflockern der Muskulatur (Lockerungsgymnastik 4 - 5 min.)). Dann folgen zwei Runden à vier Minuten Seilspringen. Dabei ist intervallmäßiger Wechsel des Tempos zu empfehlen. Die Übung ist durch Doppelsprünge, Anreißen der Knie an die Brust usw. abwechslungsreich zu gestalten. Darauf folgen zwei Runden Schattenboxen. Eine Runde lockere und schnelle Boxbewegungen und eine Runde Schattenboxen mit kleinen Hanteln.

Dann sollen etwa vier Runden Gerätearbeit an Maisbirne, Sandsack, Wandpolster und Doppelendball betrieben werden. Im Anschluß Partnerübungen. Die Kämpfer sollen Schlagkombination üben, Handpolsterarbeit betreiben und abwechselnd angreifen und verteidigen.

Sparring sollte besonders vor Wettkämpfen betrieben werden. Der Trainer wird den Kämpfer möglichst auf seinen Gegner einstellen. Man sollte mehrmals den Partner wechseln, um sich schnell an eine jeweils neue Aufgabe zu gewöhnen.

Schnellkraft- und Konditionsgymnastik, z. B. mit leichten Gewichten und evtl. ein Spiel schließen das Training ab.

Ungefähre Zeiteinteilung: Körperschule 20 min, fachliche Arbeit 60 - 80 min, Abschlußtraining 15 min.

Die besten Erfolge bei einem Leistungssportler werden nach meiner Erfahrung mit etwa 4 x wöchentlichem Training erzielt (3 x in der Sporthalle; 1 x möglichst im Freien). Man darf seine Körperkräfte und Nerven nicht beim Training verbrauchen, sondern muß seine "Substanz" für den Wettkampf erhalten. Auch zu scharfes Training kann die Ursache für eine schwache Leistung im Ring sein. In Deutschland versucht man heute durch Lehrgänge und intervallmäßiges Muskeltraining, verbunden mit körperlichen Tests, zu besonderen Erfolgen zu kommen. So sehr es zu begrüßen ist, daß die Spitzenkräfte zusammen trainieren, sich gegenseitig beeinflussen und zu einer Mannschaft zusammenwachsen, muß man vermeiden, daß eine zu große Umstellung vom "guten Vereinstraining" zu den Lehrgängen erfolgt, da sonst dieser Wechsel mehr schadet als nutzt.

Die technische Vielseitigkeit und Erfahrung des Boxers gibt oft den letzten Ausschlag über Sieg oder Niederlage. Kraft, Schnelligkeit und Ausdauer gehört zum Aufbauprogramm eines gewissenhaften Trainers, der seine Kämpfer in Richtung Erfolg führen will - sie stellen die Grundlage dar.

Die technische Perfektion aber ist die Hinführung zur überragenden Leistung des Athleten. Dazu gehören besondere Fähigkeiten; wie z. B. die **richtigen** Augenblicke für Angriff und Verteidigung zu wählen, den Einsatz seiner Kampfmittel zu berechnen und diese entsprechend den gegebenen Situationen **zweckmäßig** einzusetzen. Er muß seine Vorhaben **schnell** ausführen können und die Eigenschaft besitzen, **wirksam** aber ohne Kraftverschwendung kämpfen zu können. Der Spitzenboxer muß seinen Kampf kombinationsreich führen und den eigenen Kampfplan durchsetzen. Zu den technischen Fertigkeiten gehört es, sich leichtfüßig und mit exaktem Zeit- und Distanzgefühl im Ring fortbewegen zu können, d. h. schnell, genau und blitzartig anzugreifen sowie sich gut und rechtzeitig zu verteidigen und dabei die Verteidigung mit Konterschlägen zu verbinden sowie Angriffe und Gegenangriffe in Form von Schlagserien zu entwickeln. Um dieses Reaktionsvermögen für den Kampf zu schulen, sind häufige Sparringskämpfe mit Spezialübungen nach vereinbarten Bewegungsabläufen erforderlich.

Die Haltung des Boxers in Kampfbereitschaft

Im Folgenden wird die "Linksauslage" beschrieben. Die "Rechtsauslage" ergibt sich analog. Die Schlaghand des Linksauslegers (d. h. die Hand mit der er die kräftigeren Schläge austeilt) ist die Rechte. Der Rechtsausleger "bumst" links.

Die Füße stehen in Schulterbreite, beide Fußspitzen zeigen nach vorn. Der rechte Fuß (die Ferse ist im allgemeinen leicht gehoben) wird etwa 1 1/2 Fußlängen hinter den linken gesetzt. Die Knie sind locker, nur wenig gebeugt, das Körpergewicht ist gleichmäßig auf beide Füße verteilt. In dieser Haltung kann man sich mit jedem Fuß ungehindert fortbewegen. Der Oberkörper des Boxers ist leicht nach vorn geneigt, die linke Schulter steht etwa vor der rechten. Das Kinn ist locker auf die Brust gezogen. Die gebeugten Arme sind etwas vorgeschoben. Die locker geschlossenen Fäuste (die Linke befindet sich meist etwa 20 cm vor der Rechten) sind in Kinnhöhe gehoben (Bild 43).

Bild 43

Sind die Fäuste in dieser Position bereits geschlossen, ist dies für den Angriff günstig. Zur Deckung gegen gegnerische Schläge sind auch geöffnete Handschuhe geeignet. Manche Kämpfer bevorzugen darum die linke Faust geschlossen, den rechten Handschuh jedoch geöffnet zu halten. Vor dem

39

Schlagen mit der rechten Faust ist diese jedoch dann erst zu schließen, denn Schläge mit der offenen Hand sind beim Boxen verboten.

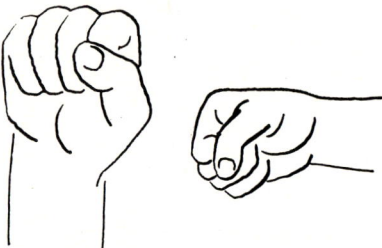

Bild 44

Die Handrücken der Fäuste zeigen nach außen, der Daumen liegt jeweils auf dem zweiten Glied des Mittelfingers der geschlossenen Faust. Handrücken und Unterarm bilden eine gerade Linie. Geschlagen wird mit der Knöchelpartie und den Ansatzgliedern der ersten vier Finger (Bild 44). Die gesamte Körperhaltung darf nicht verkrampft sein, sondern der Boxer soll locker stehen, damit er die Möglichkeit hat, blitzschnell zu reagieren.

Die Beinarbeit

Eine wichtige Voraussetzung für den Boxkampf ist eine schnelle und sichere Beinarbeit. Der Boxer muß sehr flink auf den Beinen sein, um ständig, je nach den Erfordernissen von Angriff und Verteidigung, seine Position im Ring ändern zu können. Dennoch muß er in jedem Moment einen sicheren Stand haben, um selbst wirksam schlagen zu können.

Der Anfänger übt zunächst folgende Grundschritte:

Schritt rückwärts: Hinteren Fuß eine Fußlänge zurücknehmen, vorderen nachsetzen.

Schritt vorwärts: Vorderen Fuß eine Fußlänge vornehmen, hinteren nachsetzen.

Schritt links seitwärts: Linken Fuß nach links setzen, rechten nachsetzen.

Schritt rechts seitwärts: rechten Fuß nach rechts setzen, linken nachsetzen.

Dabei ist es wichtig, die Schritte nicht zu groß zu bemessen (Schulterbreite beachten).

Im Boxkampf werden auch Sprungbewegungen nach allen Seiten ausgeführt, dabei dürfen jedoch die Beine nicht stark angehoben werden, sondern die Füße gleiten nur über den Boden.

DieBeinarbeit muß sorgfältig geübt werden. Die Fähigkeit Zeit und Distanz bei der Bewegung auf den Füßen zu berechnen, spielt eine sehr wichtige Rolle im Kampf.

Die Schlagschule

Nach der Entfernung vom Gegner unterscheidet man drei Kampfformen:

a) Distanzkampf
Es wird auf Reichweite gekämpft.

b) Halbdistanzkampf
Der Gegner steht innerhalb der Reichweite, so daß er Haken schlagen kann.

c) Nahkampf
Kampf Mann an Mann.

Im Distanzkampf werden die geraden Stöße angewandt. Der große langarmige Boxer wird auf Grund seiner körperlichen Konstitution den Distanzstil bevorzugen.

Bild 45

Der kleine untersetze Boxer wird - körperlich bedingt - am liebsten in der Halbdistanz kämpfen, um mit seinen kurzen Armen Hakenserien anzubringen. Für den Nahkampf sind besonders die Aufwärtshaken geeignet (Bild 45). Beim Übergang vom Distanzkampf zum Nahkampf schiebt man sich gut gedeckt an den Gegner heran. Dies erreicht man durch Seitwärtsabducken oder Pendeln oder man benutzt einen Angriff des Gegners zum Übergang in den Nahkampf. Dabei versucht man möglichst die Innenführung zu gewinnen, d. h. zwischen die Arme des Gegners zu kommen, denn dann kann der Gegner nur noch auf der "Außenbahn" schlagen.

Die Schlagschule gibt dem Anfänger das Rüstzeug für seine weitere Vervollkommnung. Es muß fleißig geübt werden und die hier aufgezeichneten Grundlagen müssen erweitert und individuell verarbeitet werden. Erst auf dieser Basis kann später der Leistungssportler seinen persönlichen Stil entwickeln.

Der linke gerade Stoß

Man steht in Distanzstellung, d. h. der Gegner steht so weit von mir entfernt, daß ich ihn mit dem gestreckten Arm erreiche. Aus der Boxstellung heraus wird, verbunden mit einer Streckung der Beine (Abdrücken mittels der Oberschenkel vom Boden), der linke Arm nach vorn gestoßen. Der Handrücken der stoßenden Faust muß mit dem Unterarm eine Linie bilden und zeigt nach oben.

Bild 46

43

Ein Stoß gegen den Kopf des Gegners ist besonders wirkungsvoll, wenn er etwas schräg aufwärts geführt wird (Bild 46).

Sofort nach dem Stoß wird der Arm wieder in die Ausgangsposition zurückgenommen. Dabei ist es erforderlich, daß der Oberkörper seitwärts - vorwärts einknickt (evtl. in die Knie gehen).

Der linke gerade Stoß muß anschließend auch aus der Bewegung geübt werden. Man setzt das linke Bein vor, stößt den Arm einen winzigen Moment später schnell nach vorn und nimmt ihn sofort nach dem Auftreffen zurück. Diesen Stoß kann man sehr gut am Wandpolster üben (Bild 47).

Bild 47   Bild 48

Der rechte gerade Stoß

Beim rechten geraden Stoß wird der rechte Arm bei gleichzeitiger Streckung der Beine scharf gegen sein Ziel (Kopf oder Körper des Gegners) gestoßen. Um dem Schlag mehr Wirkung zu geben, soll man dabei die Hüfte ein wenig nach links drehen und das rechte Bein etwa eine halbe Fußlänge in Schlagrichtung mitnehmen. Beim Ausführen dieses Schlages aus der Bewegung (z. B. im Anschluß an einen linken geraden Stoß) ist besonders darauf zu achten, daß man beim Auftreffen der Faust einen festen Stand hat (Bild 48).

44

Haken

Aus der Distanzstellung setzen wir das linke Bein einen nicht zu großen Schritt nach vorn und ziehen das rechte Bein nach. Wir befinden uns durch diese Verkürzung des Weges der Schlaghand in Halbdistanz und können nun Körper- und Kopfhaken schlagen.

Der Haken wird mit festgewinkeltem Arm (am wirkungsvollsten ca. 90°) aus der Hüfte ansatzlos unter kurzem Abdrücken des Oberschenkels und verbunden mit einer Schulterdrehung geschlagen. Dabei soll der Ellenbogen möglichst dicht am eigenen Körper bleiben, um dem Gegner keine lockenden Ziele zu bieten (Bilder 49/50).

Bild 49/50

Der nicht schlagende andere Arm wird zur Deckung hochgezogen, d. h. die Faust deckt, wie üblich die Kopfpartie, der Arm und Ellenbogen den Körper. Der Haken muß aus allen Lagen in Angriff und Verteidigung geübt werden. Besonders für Körperhaken empfiehlt es sich, die Beine etwas zu beugen und den Oberkörper leicht vorzuneigen, indem man das Kinn auf die Brust zieht.

Aufwärtshaken

Der Aufwärtshaken wird hauptsächlich aus der Defensive (Konterschlag) mit stark gewinkeltem Arm zum Kopf oder Körper geschlagen. Im Nahkampf sind Aufwärtshaken eine gute Waffe um wirkungsvolle Treffer anbringen zu können. Man fintiert z. B. mit einer Geraden und schlägt dann mit einem Aufwärtshaken nach.

Bild 51/52

Der Aufwärtshaken kann auch aus der Halbdistanz ausgeführt werden. Die schlagende Faust wird so gedreht, daß die Finger zum eigenen Körper zeigen und der Handrücken zum Gegener. Unter Streckung beider Knie wird der Aufwärtshaken von unten nach oben zum Körper oder Kopf geschlagen (Bilder 51/52).

Doublette

Bild 53/54

Diese Technik besteht aus einem mit der gleichen Hand geschlagenen Doppelschlag. Üblicherweise schlägt man Körper - Kopf oder umgekehrt (Bilder 53/54). Dabei soll die größere Schlagkraft beim zweiten Treffer liegen. Der erste Schlag dient zur Öffnung der Deckung und macht die Stelle frei, die mit dem 2. Schlag getroffen wird. Man schlägt z. B. mit einer Hand zuerst einen Kopfhaken und sofort anschließend an derselben Körperseite des Gegners einen Aufwärtshaken.

46

Der Cross oder Kreuzschlag

Bild 55

Der Cross wird als Antwort auf einen versuchten oder erfolgten geraden Schlag des Gegners gegen unseren Kopf oder Körper angewendet.

Partner A schlägt z. B. eine linke Gerade. Durch leichtes Ausweichen des Oberkörpers nach links und Beugen des Kopfes nach links vorwärts, geht die Gerade des Gegners über unsere Schulter. Die Arme der Partner kreuzen sich und Partner B läßt mit einer leichten Hüft- und Schulterdrehung in Schlagrichtung den Konterschlag über die gegnerische Schulter von oben nach unten sausen. Die Faust trifft den Gegner unter leichtem Abdrücken des Oberschenkels (Bild 55).

Schlagserien

Schlagserien dienen zur Entwicklung von Angriff und Gegenangriff. Die einzelnen Phasen des Angriffs oder Gegenangriffs werden beim Training mit Hilfe von Handpolstern oder mit Trainingspartnern erlernt und danach zu einer schnell ablaufenden Gesamthandlung eingeübt. Der Boxer soll die Fähigkeit entwickeln, die Schläge hintereinander in geschlossener Form und Reihenfolge zu bringen, damit er sie dann später in den entsprechenden Kampfsituationen schnell und ohne überlegen zu müssen anwenden kann. Dafür ein Beispiel:

Der Boxer bereitet seinen Angriff durch Finten und gute Beinarbeit vor. Er bringt abwechselnd zwei schnelle Gerade zum Kopf des Gegners, wobei er den zweiten Schlag (mit seiner Schlaghand) hart schlägt. Es folgen drei schnell geschlagene Aufwärtshaken und ein abschließender Kopfhaken, der mit voller Kraft geschlagen wird. Nach dem Angriff mit dieser Schlagserie geht der Boxer schnell (allerdings auch ohne übergroße Hast) in die Kampfstellung zurück. Es gibt viele Varianten von Schlagserien. Jeder Kämpfer bzw. Trainer kann hier die für den Einzelfall optimale Schlagfolge zusammenstellen. Trainingsziel ist es dann, diese Serie durch ständige Übung zu automatisieren.

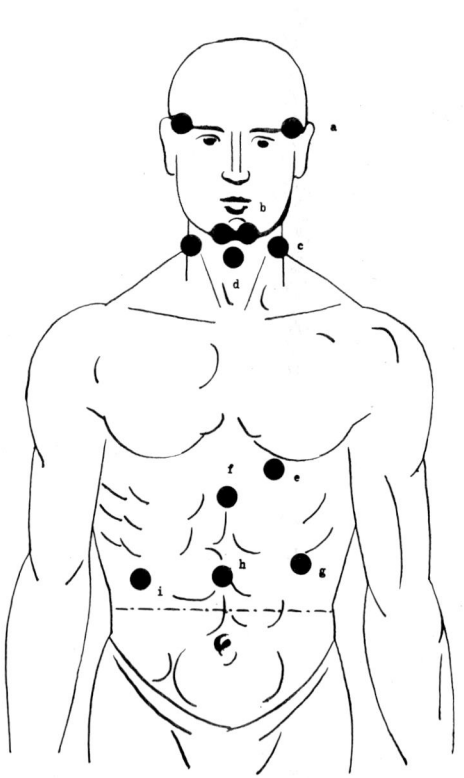

Bild 56

Über die K.o. - Punkte

Beim Kampfboxen kann es geschehen, daß ein Kämpfer nach einem genau gezielten Schlag "knock out" geht. Unter **K.o.** versteht man die Kampfunfähigkeit eines Boxers während der in der Wettkampfregel festgelegten Zeit. Es gibt eine Reihe von Punkten an Kopf und Körper (siehe Bild 56), die so empfindlich sind, daß ein Treffer diese Wirkung erzielt.

a) **Schläfen**
   Durch den Schlag kommt es zu einer Erschütterung des gesamten Schädels. Dies kann Benommenheit und kurzfristige Bewußtseinstrübung auslösen. Eine entsprechende Erschütterung des Gleichgewichtsorgans verstärkt die Schlagwirkung.

b) **Kinnspitze**
   Ein Treffer hat im Prinzip die gleiche Wirkung wie unter a) beschrieben, nur daß die Wirkung häufig noch stärker ist.

c) **Halsseite**
   Dadurch erfolgt eine direkte Beeinflußung der das Gehirn versorgenden Blutgefäße (Carotis). An der Halsseite liegen Nervenzentren die die Regulierung der Herz- und Keislauftätigkeit entscheidend beeinflussen. Ein Treffer auf diese Partie bewirkt kurzfristige Drosselung der Gehirndurchblutung und durch Reiz des Carotis-Sinus-Geflechtes Kreislaufbeeinflußung.

d) **Kehlkopf**
   Ein Treffer birgt die Gefahr des Stimmritzenkrampfes. Durch direkte Schlagwirkung entsteht akute Atemnot. Als Folge des Schlages kann anhaltende Atemnot durch Schwellung der Kehlkopfschleimhaut auftreten.

e) **Herz**
   Eine direkte Schlagwirkung auf die Herzgegend führt zu einer Erschütterung des Herzens mit Störungen seiner Tätigkeit im Sinne einer unregelmäßigen Schlagfolge und sekundärer Wirkung auf den gesamten Kreislauf.

f) **Solar-Plexus**
   Ein Schlag in die unterhalb des Brustbeins befindliche Gegend führt zu einer Reizung des vor der Wirbelsäule liegenden Nervenzentrums. Dadurch kann eine Herabsetzung der Herztätigkeit erfolgen, die oft zu anhaltender Ohnmacht führt.

g) Milz

Die Milz ist ein stark durchblutetes Organ. Genau gezielte Schläge darauf führen zu einer stark spürbaren Stockung der Blutzufuhr und dadurch zu einer Störung jener Nervenfunktion, die die Tätgkeit der inneren Organe steuern.

h) Magen

Ein Treffer führt zu einer Verkrampfung der Bauchdeckenmuskulatur. Diese Wirkung des Schlages zeigt sich auch in der Zwerchfellmuskulatur. Durch diese Zwerchfellverkrampfung tritt vorübergehend Atemnot ein.

i) Leber

Ein Schlag auf die Leber führt zu einer Verkrampfung der Gefäßmuskulatur in diesem stark blutgefüllten Organ. Die Blutzufuhr wird zwar nicht gestört, der Weitertransport in der Leber stockt jedoch, wodurch der getroffene Boxer vorübergehend kampfunfähig wird.

Verteidigung gegen Schläge

Für einen Boxer ist es mindestens ebenso wichtig. den gegnerischen Schlägen die Wirkung zu nehmen als selbst Treffer anzubringen. Gerade darin, die Boxstöße des Gegnes wirkungslos verpuffen zu lassen, zeigt sich das Können des Technikers.

Wir müssen die entsprechenden Meidbewegungen zunächst schulmäßig und sehr sorgfältig üben, um später in Bruchteilen einer Sekunde zu reagieren. Dazu ist, abgesehen von Kampferfahrung, vor allem sehr viel Training und Übung erforderlich. Immer wieder muß sich der Anfänger von seinem Partner mit bestimmten vorher abgesprochenen Schlägen angreifen lassen und seine Verteidigungs- und Ausweichbewegungen üben. So werden die zunächst schulmäßig angelernten Bewegungen nach und nach zum Reflex.

Bild 57/58

Decken

Decken heißt dem gegnerischen Schlag dadurch die Wirkung zu nehmen, daß man den Schlag mit solchen Partien auffängt, an denen Treffer keinen Punkt (und keine Wirkung) erzielen. Solche Körperstellen sind die Hand bzw. die Faust, die Unter - und Oberarme sowie die Schulter. Z. B. fängt man die geraden Stöße des Gegners häufig mit der entspannten Faust auf. Der

Schlaghand des Gegners wird man jedoch im allgemeinen besser durch eine Rückwärtsbewegung ausweichen oder sie mit der Schulter abblocken (Schulter nach innen drehen). Um einen Treffer der Schlaghand des Gegners zu vemeiden, ist auch oft ein Abducken oder ein Seitschritt (sidestep) eine gute Abwehrmethode.

In bestimmten Momenten eines Kampfes ist es angebracht, den eigenen Körper so zu decken, so daß der Gegner kein Ziel zum Anbringen von wirkungsvollen Schlägen findet. Diese Haltung nennt man "Doppeldeckung". Sie läßt sich auf zweierlei Weise einnehmen:

a) Die Ellenbogen und Unterarme decken die Körperpartien. Die Fäuste sollen den Kopf schützen, das Kinn ist locker auf die Brust gezogen (Bild 57).

b) Die rechte Faust pendelt locker (jederzeit zum Gegenschlag bereit) in Kinnhöhe vor dem eigenen Gesicht. Der linke Ellenbogen sowie Unter- und Oberarm deckt die Körperpartien (Bild 58).

Ablenken

Die geraden Stöße des Gegners werden aus der Bewegungsrichtung gebracht, indem man mit der Innenfläche der Faust den schlagenden Arm des Angreifers nach innen oder außen ablenkt.

Meist wehrt man nach innen ab, denn durch die Drehbewegung ist man in der Lage, mit einem Haken zu antworten.

Körperhaken werden meist mit dem eigenen rechtwinklig gebeugten Unterarm pariert.

Eine spezielle Deckungsart für Aufwärtshaken ist der "Unterarmfang". Dem Schlag wird durch Blockieren des gegnerischen Armes in der Ellenbogenbeuge mit dem eigenen Unterarm die Wirkung genommen.

Ausweichen

Dabei ist vor allem die Schnelligkeit der Beine, aber auch eine Verringerung der "Schrecksekunde" entscheidend. Man muß blitzschnell die Absicht des Gegners erkennen und seinem Schlag (das gilt vor allem für gerade Stöße) durch einen Schritt oder Sprung nach rückwärts die Wirkung nehmen. Dabei ist es wichtig, die Ausweichbewegung gerade so groß wie nötig zu bemessen und sich nicht unnötig weit vom Gegner zu entfernen. Das Gesagte gilt auch für eine Ausweichbewegung zur Seite (Sidestep).

Schlägt der Angreifer (Linksausleger) z. B. eine linke Gerade, so setzt der Verteidiger seinen rechten Fuß etwas nach rechts und zieht den linken Fuß sofort nach: Kleiner Seitschritt (siehe Bild 59).

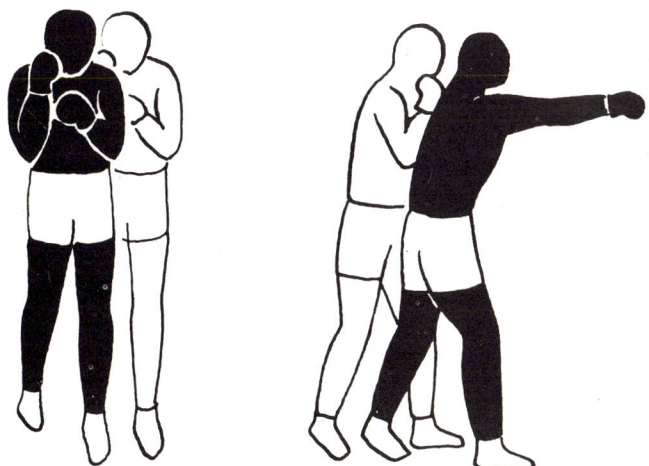

Bild 59

Bild 60

Wenn der Gegner eine Gerade schlägt, ist es auch möglich den eigenen rechten Fuß mit einem großen Seitschritt bis in Höhe des linken Fußes des Angreifers zu stellen und dann den linken Fuß, verbunden mit entsprechender Körperdrehung, nachzuziehen (Bild 60).

Abfangen

So kann man sich verteidigen, wenn man den Schlag des Gegners frühzeitig erkennt und selbst so rechtzeitig schlägt, daß der eigene Schlag **eher** ankommt als der des Gegners, d. h. unser Schlag zeigt Wirkung, der Schlag des Gegners verfehlt sein Ziel.

53

Kontern

Kontern heißt den Schlag des Gegners durch eine Abwehrbewegung vermeiden und selbst nachschlagen, bevor der Gegner die Boxstellung wieder eingenommen hat. Bei Seitwärtsbewegungen wird man möglichst mit Haken antworten, bei Rückwärtsbewegungen mit geraden Stößen.

Abducken

Beim Abducken wird der Kopf durch schnelles, oft ziemlich tiefes Vorbeugen des Rumpfes nach rechts oder links vorwärts aus der Schlagrichtung genommen, so daß der Gegner keinen Treffer anbringen kann. Die Knie knicken bei dieser Meidbewegung nicht oder nur leicht ein.

Bei der ganzen Bewegung ist es wichtig, den Blick weiter auf den Gegner zu richten. Durch das Abducken erhält man oft gute Chancen für Gegenangriffe, die man sowohl mit der rechten als auch mit der linken Faust ausführen kann (Bild 61).

Bild 61

Bild 62

Tauchen

Gegen die geraden Stöße des Gegners kann man sich auch durch Tauchen schützen. Hier knickt man in den Knien ein und kommt dadurch aus dem Schlagbereich. Versucht der Gegner Kopfhaken anzubringen, so weicht man diesen durch eine halbkreisförmige Bewegung des Kopfes aus (Bild 62).

54

Abrollen

Für Haken, die im Halbdistanzkampf geschlagen werden, ist besonders das **Abrollen** geeignet. Schlägt der Gegner einen Haken, so geht man mit der schlagenen Faust (sich nach außen drehend und die Knie leicht gebeugt) mit und erhält dann, indem man zurückdreht, eine gute Chance, einen Konterhaken anzubringen. Beim Kontern sind die Knie zu strecken (Bild 63).

Bild 63   Bild 64

Pendeln

Eine Möglichkeit den Gegner daran zu hindern, vor allem gerade Stöße anzubringen, ist das **Pendeln**. Man steht in der üblichen, etwas nach vorn abgeduckten Kampfhaltung. Während der Unterkörper stehen bleibt, wird der Oberkörper jeweils durch leichtes Einknicken in der Hüfte nach rechts oder links aus der Gefahrenzone gebracht. Der Gegner kann dadurch nicht ohne weiteres ein Ziel ausmachen: "Man pendelt die Schläge des Gegners aus" (Bild 64).

20 Partnerübungen

Für den Anfänger, wie den Leistungssportler sind die Partnerübungen von sehr großer Bedeutung.

Hat der Anfänger die Boxstellung und die Boxstöße erlernt, beginnt er zusammmen mit einem Trainingskameraden zu üben. So gewöhnt er sich leicht, daran, die erlernten Stöße mit einem sich bewegenden Partner, der die Schläge in vorgeschriebener Weise abwehrt oder in genau festgelegter Weise angreift, auszuführen (Bild 65/66). Durch die Partnerübungen wird sein Reaktionsvermögen geschult und die "Überwindung" zum ersten Sparringkampf fällt nicht so schwer.

Bild 65

Die Übungen werden zunächst aus einer festen Position im Stand ausgeführt und dann in der Bewegung geübt. Der Schwierigkeitsgrad der Partnerübungen wird vom Anfängertraining nach und nach bis zur Leistungsschule aufgebaut.

Durch sinnvolle Aneinanderreihung und Kombination der einzelnen Übungen entsteht der freie Übungskampf. Die Partnerübungen gehören unbedingt zu jedem Trainingsabend. Besonders muß darauf geachtet werden, daß die Leistungsboxer beim Sparring immer wieder die Partnerübungen anwenden und vervollkommnen.

Es wäre wenig sinnvoll, die Partnerübungen allzu lange auszudehnen, denn die Aufnahmefähigkeit des Schülers ist begrenzt. Aus diesem Grunde empfiehlt es sich, für ca. 20 min. an jedem Trainingsabend sechs bis acht Übungen, zunächst langsam und wenn das technische Können entsprechend entwickelt ist, schnell auszuführen.

Hinweis:
Partner A: Schwarzer Körper,   Partner B: Weißer Körper

Bild 67

1. Übung

Partner A schlägt eine linke Gerade zum Kinn. Partner B stoppt diesen Stoß mit einer linken Geraden, d. h. er schlägt gleichzeitig seine linke Gerade zum Kinn des Partners A. Beide Partner fangen den gegnerischen Stoß mit der rechten Faust vor dem Kinn auf (Bild 67).

Bild 68

2. Übung

Partner A schlägt eine linke Gerade zum Körper und beugt dabei seinen Oberkörper nach rechts seitwärts vor. Partner B deckt diesen Schlag mit dem rechten Ellenbogen oder der rechten Faust ab und schlägt selbst eine linke Gerade zum Kinn des Gegners (Bild 68).

Bild 69

3. Übung

Partner A schlägt eine linke Gerade zum Kinn des Gegners. Partner B schlägt mit der rechten Faust die Linke des Partner A nach links weg, knickt in der Hüfte nach rechts seitwärts und vorwärts ein und schlägt seine linke Gerade zur Herzspitze des Partners A, der mit seiner rechten Faust diese Linke nach außen schlägt (Bild 69).

Bild 70

4. Übung

Partner A bringt einen linken geraden Stoß zum Kinn des Gegners vor. Partner B führt einen Rückschritt aus und antwortet (verbunden mit einem linken Ausfallschritt) mit einem linken Nachstoß zum Kinn des Partner A (Bild 70).

59

Bild 71

5. Übung

Partner A stößt eine linke Gerade zum Kinn. Partner B weicht durch Hüftdrehung nach rechts aus und verbindet dies mit einer Faustabwehr (Bild 71).

Bild 72

6. Übung

Der rechte gerade Stopstoß wird analog dem linken geraden Stopstoß ausgeführt (Bild 72).

Bild 73

7. Übung

Partner A schlägt eine linke Gerade. Partner B duckt nach vorwärts ab (verbunden mit einem Nachgeben in den Knien) und kontert links zum Körper (Bild 73).

Bild 74

8. Übung

Partner A schlägt eine linke Gerade. Partner B duckt nach links ab und kontert mit der Rechten zum Körper des Gegners (Bild 74).

9. Übung

Partner A führt einen Doppelstoß links zum Kinn und links zum Körper des Gegners aus. Partner B führt einen Rückschritt aus und deckt sich mit seinem rechten Unterarm bzw. mit der rechten Faust. Sodann führt er einen Nachstoß aus.

10. Übung

Partner A stößt links zum Körper und dann links zum Kinn. Partner B deckt seinen Körper und sodann seinen Kopf durch Hochdeckung rechts und führt einen Mitstoß links zum Kinn des Gegners aus.

11. Übung

Partner A stößt links zum Kinn und sofort anschließend rechts zum Kinn. Partner B deckt sich beide Male rechts mit Faust und Unterarm und führt einen Nachstoß links zum Kinn aus.

12. Übung

Partner A stößt zweimal links zum Körper und dann einen rechten Stoß zum Kinn des Gegners. Partner B führt zweimal Körperdeckung rechts aus und führt dann bei Hochdeckung links einen rechten Mitstoß zum Kinn des Partners aus.

13. Übung

Partner A stößt rechts zum Kinn. Partner B deckt links und führt seinerseits einen rechten Mitstoß zum Kinn des Partners aus.

Bild 75

14. Übung

Partner A schlägt eine rechte Gerade zum Kinn. Partner B duckt nach links seitwärts ab und stößt eine rechte Gerade zum Körper des Gegners (Bild 75).

Bild 76

15. Übung

Partner A schlägt einen linken Haken zum Kopf (Bild 76). Partner B führt
Faustabwehr rechts aus und antwortet mit einem linken Haken zum Körper.

Bild 77

16. Übung

Partner A schlägt einen linken Aufwärtshaken zum Körper. Partner B schützt
sich durch Unterarmabwehr rechts und schlägt einen linken Haken zum Kopf
des Gegners (Bild 77).

17. Übung

Partner A schlägt linke Doublette (Körper - Kopf). Partner B führt rechts
Unterarm - Faustabwehr aus und antwortete mit linkem Haken zum Kopf.

18. Übung

Partner A greift mit einer linken Doublette (Kopf - Körper) an. Partner B wehrt rechts mit Faust und Unterarm ab und schlägt einen linken Haken zum Körper des Gegners.

19. Übung

Partner A schlägt Körper, Kopf, Körper. Partner B wehrt ab Unterarm, Faust, Unterarm und schlägt linken Haken zum Kopf oder Körper.

20. Übung

Partner A fintiert mit linkem Kopfhaken und schlägt einen rechten Aufwärtshaken zum Körper. Partner B wehrt den linken Haken mit seiner rechten Faust ab und fängt den rechten Aufwärtshaken mit dem linken Unterarm ab.

Kampftechnik und Taktik

Kampfboxen sollte nur derjenige, der die nötigen körperlichen Voraussetzungen dafür hat und schon längere Zeit trainiert worden ist. Man darf nur "fit" in den Kampf gehen. Um Spitzenerfolge beim Kampfboxen zu erzielen, muß man eine natürliche Begabung für diesen Sport haben. Der beste Trainer kann aus nicht prädestinierten Männern keine "Klasseboxer" formen, denn der Boxsport verlangt ein von Natur aus gutes Reaktionsvermögen und ein gewisses Maß an Härte, Mut und "Kaltschnäuzigkeit". **Dennoch** - durch langes Üben, vor allem des technischen Repertoirs, kann man ein guter Boxer werden.

Zur taktischen Einstellung auf den Gegner gehört vor allem die innere Bereitschaft des Kämpfers zum Kampf. Es ist sehr wichtig, den Gegner weder zu unter- noch zu überschätzen, sondern ein gewisses Mittelmaß an Vorsicht und Zuversicht an den Tag zu legen. Der Trainer bzw. Sekundant muß seinem Schützling Ruhe und Zuversicht verleihen. Dazu ist ein Vertrauensverhältnis zwischen Schüler und Lehrer unerläßlich. Der Kämpfer muß sich aber vor allem selbst bemühen, die innere Ausgeglichenheit, die für einen Wettkampf erforderlich ist, zu erhalten. Durch ständiges Üben der Grundschule (der Trainer berät den fortgeschrittenen Boxer, wie er sein individuelles Pensum darüber hinaus absolvieren soll) und durch konditionelle Vorbereitung erhält der Boxer jenes Maß an Selbstbewußtsein, das ihn erst im Kampf zu hervorragenden Leistungen befähigt.

Sinnlos hartes Sparring ist abzulehnen. Viel wichtiger ist es, seine Reaktion, Kondition und Schlagkraft durch ausdauerndes Üben der Schläge und Kombinationen mit seinen Partnern zu erhöhen.

Der Sekundant sollte beim Kampf in den Rundenpausen keine unnötigen Vorträge halten. Es genügt völlig, sich auf ein paar Tips zu beschränken, den Kämpfer vor seinen eigenen Schwächen zu warnen und ihm die schwachen Punkte des Gegners vor Augen zu halten.

Taktik ist das wohlüberlegte Einsetzen des Könnens, um optimalen Erfolg zu erzielen. Vor allem bedeutet das die eigenen Körperkräfte so zweckmäßig einzusetzen und mit ihnen so hauszuhalten, daß man den Kampf mit Erfolg durchstehen kann. Die Schwächen und Fehler des Gegners müssen durchschaut werden. Durch Ablenkungs- und Täuschungsmanöver muß man den Gegner an der Entfaltung hindern. Dazu gehört, abgesehen von Erfahrung, eine besondere Reaktionsfähigkeit, d. h. ein blitzschnelles Sehen, Überlegen, Entscheiden und Handeln.

Hat sich ein Boxer so weit entwickelt, daß er größere Kampferfahrung besitzt und allmählich zur Spitzenklasse aufsteigt, dann spezialisiert er sich auf bestimmte Schläge, die er am besten beherrscht. So gibt es z. B. Boxer, die einen ausgezeichneten linken Haken schlagen un wieder andere, die z. B. auf rechte Aufwärtshaken spezialisiert sind. Der Kämpfer entdeckt meist selbst, was ihm aus dem vorhandenen Repertoir besonders gut liegt. Die Aufgabe des Trainers liegt vor allem darin, den Schüler zu systematischem Üben anzuhalten. Er wird den Kämpfer auch anleiten können, seine Spezialtechnik mit Finten und taktischen Manövern noch besser anzuwenden. Dafür zwei Beispiele:

1) Partner A schlägt eine linke Gerade zum Kopf und täuscht eine rechte Gerade zum Körper, die er ohne Kraft schlägt vor, um sofort anschließend mit aller Kraft einen wirkungsvollen linken Haken zum Kopf oder Körper zu schlagen.
2) Partner A schlägt eine linke Gerade zum Körper, täuscht den Partner mit einer zweiten linken Geraden zum Kopf, um dann eine schnelle und harte rechte Gerade zum Körper oder Kopf zu schlagen.

Im Kampf muß man einen Mittelweg zwischen schnellem beweglichen Laufen, bei dem man wohl für den Gegner schwerer zu treffen ist und festem Stehen, bei dem man selbst zwar hohe Schlagkraft besitzt, aber weniger beweglich ist, finden. Der alte Grundsatz "fighte den Boxer und boxe den Fighter" spielt bei der Wahl zwischen beweglicher oder fester, schlagkräftiger Kampftaktik immer noch eine wesentliche Rolle.

Der kleine untersetzte Boxer wird im allgemeinen gerne im Nahkampf mit Hakenserien arbeiten. Durch Pendelbewegungen versucht er unter den langen Armen des Gegners nach vorn zu gelangen und dem Gegner seinen Kampfstil aufzuzwingen. Dabei ist Vorsicht vor Aufwärtshaken des Gegners geboten. Großen langarmigen Kämpfern liegt es meist besser, ihre Gegner im Distanzkampf mit geraden Stößen auszupunkten (Bild 78). Die Schlaghand des Gegners (beim Linksausleger rechts, beim Rechtsausleger links) muß man **unbedingt**, z. B. durch Ausweichbewegungen, wie Rückschritt oder Seitschritt, vermeiden.

Bild 78

Ein Problem im Kampf ist es immer noch, wenn der Gegner in Rechtsauslage steht. Die "alte Weisheit", den Rechtsausleger ständig anzugreifen und nur links um den Gegner zu gehen, dürfte überholt sein. Man kann den Rechtsausleger sowohl offensiv als auch defensiv bekämpfen, je nachdem, in welcher Weise dieser kämpft: ob er boxt oder ob er wild schlagend vorwärtsgeht. Haben wir ein ausreichendes Reaktionsvermögen, so können wir uns mit schnell geschlagenen linken Stößen oder auch mit rechten Geraden und Aufwärtshaken gegen den Rechtsausleger gut zur Wehr setzen.

Eine gute Boxschulung, um sich auf jede Situation einstellen zu können und Kampferfahrung, ist immer noch der beste Schutz gegen **alle** Angriffe des Gegners.

Früher lehrte man eine mit der zur Schlaghand gehörenden Schulter weit abgedrehte Boxstellung (englische Schule), die dem Gegner kein Ziel bieten sollte. Heute lehrt man eine frontalere Stellung. Aus dieser "modernen Haltung" kann man viel schneller die Schlaghand selbst landen, weil der Weg der Faust zum Gegner kürzer ist. Ob Angriff- oder Defensivbewegungen, die Meinung durch die frontale Haltung werden wir auch schneller getroffen, ist nur bedingt richtig. Ein Kampfboxer muß über eine besondere gute Reaktion verfügen. Dann wird er die ihm zugedachten Schläge vermeiden und selbst erfolgreich antworten können. Wenn er ein schlechtes Reaktionsvermögen hat, kann er sich abdrehen wie er will, er bekommt trotzdem Treffer.

Die wichtigsten Bestimmungen für den Wettkampf

Ärztliche Untersuchung

Vor dem ersten offiziellen Start muß jeder Kämpfer eine ärztliche Bescheinigung vorlegen, daß er "gesund und boxtauglich" ist. Diese Untersuchung ist in jedem Jahr zu wiederholen. Vor jedem Start muß der Boxer zusätzlich auf seine "Kampffähigkeit" ärztlich untersucht werden. Ein Start ohne Untersuchung und Attest ist unzulässig!

Gewichtsklassen

Die Schlagkraft eines Boxers hängt, abgesehen von seiner persönlich Technik und Schnellkraft, in starkem Maße von seinem Körpergewicht ab. Um bei Wettkämpfen nur Paarungen zwischen Kämpfern mit annähernd gleicher Schlagkraft zu erreichen und dadurch die Wahrscheinlichkeit schwerer Niederschläge einzuschränken, wurden Gewichtsklassen geschaffen. Bei den Amateuren gelten folgende Bestimmungen:

Männer

Halbfliegengew.	bis	48	kg
Fliegengewicht	bis	51	kg
Bantamgewicht	bis	54	kg
Federgewicht	bis	57	kg
Leichtgewicht	bis	60	kg
Halbweltergew.	bis	63,5	kg
Weltergewicht	bis	67	kg
Halbmittelgew.	bis	71	kg
Mittelgewicht	bis	75	kg
Halbschwergew.	bis	81	kg
Schwergewicht	über	81	kg

Schüler und Jugend

Papiergewicht A	bis 42 kg
Papiergewicht B	bis 45 kg
Papiergewicht C	bis 48 kg
Fliegengewicht	bis 51 kg
Bantamgewicht	bis 54 kg
Federgewicht	bis 57 kg
Leichtgewicht	bis 60 kg
Weltergewicht	bis 63 kg
Mittelgewicht A	bis 66 kg
Mittelgewicht B	bis 69 kg
Halbschwergew. A	bis 72 kg
Halbschwergew. B	bis 75 kg
Schwergewicht	über 75 kg

Leistungsklassen

Damit bei einer Begegnung nicht Kämpfer mit völlig verschiedenem Leistungsniveau aufeinandertreffen und dies Anlaß zu ungleichem Kampf wird, wurden vier Leistungsklassen geschaffen, innerhalb denen die Paarungen vorgenommen werden:

Erstling
Ein Kämpfer, der noch nicht öffentlich gestartet ist.

Anfänger
Ein Kämpfer, der noch keine sieben Siege errungen hat.

Fortgeschrittener
Ein Kämpfer, der mehr als sieben Siege bei öffentlichen Kämpfen errungen hat.

Meisterklasse
Alle Kämpfer, die eine Landesverbandsmeisterschaft errungen haben.

Altersklassen

Schüler - bis zum vollendeten 14. Lebensjahr
Jugend - bis zum vollendeten 16. Lebensjahr
Junioren - 16 bis 18 Jahre
Senioren - über 18 Jahre

Kampfrunden und Kampfzeit

Um den jungen Kämpfer nicht durch eine zu lange Kampfzeit überzubeanspruchen, wurde folgende Rundeneinteilung festgelegt:
Schüler unter 10 Jahren boxen über eine Distanz von 3 Runden zu je 1 Minute.
Schüler ab 10 Jahren und Jugendliche boxen über eine Distanz von 3 Runden zu je zwei Minuten; in beiden Fällen mit je einer Minute Pause zwischen den Runden.
Die Kämpfe der Junioren und Senioren werden üblicherweise über drei Runden zu je drei Minuten (je 1 Minute Pause zwischen den Runden) ausgetragen. Zusatzrunden dürfen **nicht** gegeben werden.
Nach **vorheriger** Vereinbarung können Senioren-Kämpfe jedoch über eine Distanz bis zu 6 Runden à 2 Minuten oder bis zu 4 Runden à 3 Minuten ausgetragen werden.

Verbotene Handlungen

Um die Unfallgefahr auf ein Minimum zu beschränken und einen schönen und fairen Kampfverlauf zu erreichen, wurden folgende Handlungen im Kampf verboten:

a) Jeder Angriff sowie jede Umklammerung unterhalb der Gürtellinie, ferner Beinstellen sowie Treten und Stoßen mit dem Fuß und Knie.

b) Stoßen oder Schlagen mit dem Kopf, den Schultern, dem Unterarm oder Ellenbogen sowie das Zurückdrücken des Gegners mit Unterarm oder Ellenbogen.

c) Jeder Schlag, der auf der hintern Körperhälfte des Gegners landet, insbesondere Schläge auf den Hinterkopf, das Genick oder die Nierenpartie.

d) Jeder Schlag mit offener Faust oder Schläge mit der Handfläche, dem Handgelenk, der Handkante sowie Rückhandschläge oder Schleuderschwinger.

e) Festhalten am Seil zum Zwecke von Angriff oder Verteidigung, Zurückdrükken des Kopfes des Gegners über die Seile und jede sonstige Benutzung des Seils.

f) Ringen, Hängen oder Aufstützen auf den Gegner sowie Schleudern des Gegners in der Umklammerung.

g) Angreifen des zu Boden gegangenen Gegners.

h) Festhalten oder Einklemmen des gegnerischen Armes oder Kopfes sowie das Unterstecken der Arme unter die des Gegners.

i) Einen Haken zu schlagen und den Gegner dabei in den Schlag hineinzureißen.

k) Sich so tief abzuducken, daß man sich unterhalb der Gürtellinie des Gegners befindet.

l) Eine vollständig passive Kampfhaltung z. B. Doppeldeckung einzunehmen oder zu Boden zu gehen, ohne einen Schlag erhalten zu haben.

m) Während des Kampfes zu sprechen.

n) Den Gegner nach dem "break"-Kommando des Ringrichters zurückzustoßen oder sich vom Gegner abzustoßen.

o) Absichtliches Herbeiführen eines verbotenen Schlages (Nieren- Genickoder Tiefschlag) durch Abdrehen vom Gegner oder Ablenken eines seiner Schläge.

Entscheidungen

Über den Ausgang eines Boxkampfes kann auf sieben verschiedene Arten entschieden werden:

a) Sieg durch Niederschlag (**k.o.**) für mindestens 10 Sekunden.

b) Sieg durch Aufgabe des Kampfes (durch Kämpfer oder Sekundanten).

c) Sieg durch Abbruch des Kampfes wegen Kampf- bzw. Verteidigungsunfähigkeit des Gegners oder sportlicher Unterlegenheit (Reference Stop Contest) durch den Ringrichter oder Ringarzt.

d) Sieg durch Punktwertung.

e) Unentschieden.

f) Sieg durch Disqualifikation des Gegners. ˙

g) Abbruch ohne Entscheidung.

Schutzbestimmungen bei Niederschlag (K.o.)

Wenn ein Kämpfer durch einen oder mehrere direkte oder indirekte Treffer K.o. gegangen ist (d. h. nach Auffassung des Ringrichters bewußtlos oder unfähig ist, sich weiter zu verteidigen), so muß der Kämpfer sofort vom Ringarzt untersucht und von einem Beauftragten (z. B. Sportkameraden) nach Hause, bzw. zu seiner Unterkunft geleitet werden.

1. Der K.o. - Sperre unterliegen alle Kämpfer, die beim "zu Boden gehen" ausgezählt werden oder eine Zeit von 10 Sekunden (z. B. auch im Stehen) kampfunfähig sind. Dabei ist es unerheblich, ob die Kampfunfähigkeit durch reguläre Treffer oder Regelwidrigkeiten entstanden ist. Die sofortige ärztliche Betreuung nach dem K.o. hat lediglich den Zweck, Schädigungsfolgen abzuwenden und nicht die Kampffähigkeit nachzuweisen.

2. Ein Kämpfer, der K.o. gegangen ist, darf - vom folgenden Tag an gerechnet - 4 Wochen keinen Boxkampf austragen.

3. Ein Kämpfer, der innerhalb eines Zeitraumes von 3 Monaten zweimal K.o. gegangen ist, darf vom dem zweiten K.o. folgenden Tag an 3 Monate lang keinen Boxkampf austragen.

4. Ein Kämpfer, der drei mal hintereinander K.o. gegangen ist, darf vom Tage nach dem 3. K.o. an gerechnet, 12 Monate keinen Boxkampf austragen.

5. In den Fällen 1 - 4) ist der Startausweis des Boxers einzuziehen und mit der K.o. - Meldung dem zuständigen Landesverband auf Kosten des Veranstalters zuzuleiten.

6. In allen Fällen 1 - 4) darf der Kämpfer erst wieder öffentlich boxen, wenn ein in Fragen des Boxsportes erfahrener Arzt ihm **nach** der Schonfrist seine Boxfähigkeit bescheinigt. Diese Bescheinigung ist dem Landesverband vorzulegen.

7. Auch bei einem Abbruch wegen Kampfunfähigkeit eines Kämpfers soll der Arzt sofort eine Untersuchung durchführen. Während der Schonfristen ist eine boxsportliche Betätigung nicht gestattet.

Doping

Die Anwendung von Drogen, Alkohol, Koffein und ähnliche Mitteln in der Absicht, durch ihre Einwirkung auf Muskeln und Nerven eine Leistungssteigerung zu erzielen oder Ermüdungserscheinungen zu verhindern, ist vor und während des Kampfes verboten und strafbar. Ebenfalls verboten ist jede Einspritzung lokaler Betäubungsmittel.

Der Mann in der Ecke

Der Trainer, der seinen Mann genau kennt, wird auch meistens als Sekundant in der Ringecke amtieren. Das Gefühl der Sicherheit und Geborgenheit des Kämpfers gegenüber seinem Trainer ist von ganz besonderer Wichtigkeit. Vertrauen ist die Basis für freundschaftliche Bindungen, ohne die gerade im Leistungssport Aufbau und Erfolg kaum denkbar sind. Nicht nur Technik und Taktik, sondern vor allem das **Verständnis** für den Kämpfer (auch außerhalb seiner sportlichen Tätigkeit) ist oft die Grundlage für sportlichen Erfolg. Ob Sieg oder Niederlage, Punktvorsprung oder Rückstand - auf den Mann in der Ecke muß sich der Kämpfer immer verlassen können (Bild 79).

Bild 79

73

Vor und nach dem Wettkampf

Das Verhalten eines Boxers vor dem Wettkampf ist individuell unterschiedlich. Ruhe, Zuversicht und Konzentration sind jedoch drei wichtige Punkte, die man beachten sollte. Der Trainer, der ja auch als Freund (und nicht nur mit technischen Anweisungen) zur Seite stehen soll, kann dabei ein entscheidender Helfer sein.

Es spielen aber auch andere Faktoren eine wichtige Rolle. Zum Beispiel das Gewichtslimit durch richtiges Essen zu halten.

Die Ernährung muß zweckmäßig zusammengestellt werden: Vitamin- und mineralsalzreich, Eiweiß- und Kohlehydrate in der richtigen Menge und nicht zuviel tierisches Fett. Das Training oder der Kampf eines Boxers verursachen einen großen Energieverbrauch. Der Kaloriengehalt der Nahrung für einen Boxer der mittleren Gewichtsklasse an einem Trainings- oder Wettkampftag ist auf etwa 4000 Kalorien (16000 Joul) errechnet worden. Dementsprechend soll seine Nahrung etwa 150 g Eiweiß, 100 g Fett und 600 g Kohlehydrate enthalten. Spaziergänge in frischer Luft (Wald oder Park) und gutes Durchatmen ("Sauerstofftanken") tragen mit dazu bei, im Ring eine ausdauernde Leistung zu ermöglichen.

Ca. 30 Minuten vor dem Kampf muß die Muskulatur des Boxers durch Bewegung (Gymnastik/Schattenboxen/Seilspringen) und eventuell lockere Massage in Kampfbereitschaft versetzt, d. h. erwärmt werden. Ich empfehle, warm in den Boxring zu gehen - es können durchaus die ersten Schweißperlen zu sehen sein.

Nach dem Kampf ist der Hygiene besondere Aufmerksamkeit zu widmen. Durch mit Schweiß oder sogar Blut verklebte Poren wird die Hautatmung behindert. Dies kann das Entstehen von Ausschlag oder Pickeln begünstigen. Darum nach dem Kampf einige Minuten nachschwitzen und dann gründlich duschen. Danach in aller Ruhe anziehen und die Erregung abklingen lassen. Oft ist ein anschließendes sachliches Gespräch mit dem Trainer (bei einem Sieg keinen Größenwahn aufkommen lassen - bei einer Niederlage keine hektische "Schuldfragediskussion") nützlich. Einige Tage nach dem Wettkampf sieht ohnehin vieles anders aus. Dann hat man beste Gelegenheit im Kampf gemachte Fehler beim Training auszumerzen oder seinen Sieg zum "Hinzulernen" zu nutzen.

Breitenarbeit und Leistungsschule

Die boxerische Grundschule ist die Basis für eine erfolgreiche Breitenarbeit. Bei richtigem methodischen Aufbau kann der Trainer eine größere Anzahl von Teilnehmern gleichzeitig ausbilden. Eine Leistungssteigerung vieler kann so erzielt werden, kaum aber eine persönliche Höchstleistung des einzelnen. Oft wird der Nachwuchs in den Vereinen sich selbst überlassen und vernachläßigt. Für eine Entwicklung des Boxsportes (auch für die Steigerung der Hochleistung) ist aber unbedingt eine intensive Aufbauarbeit von Seiten der Trainer erforderlich. Wird der Nachwuchs gefördert, ergibt sich die Kampfmannschaft "von selbst". Anfänger und Fortgeschrittene sollten getrennt voneinander trainieren. Eine sorgfältige Grundausbildung ist die Voraussetzung für spätere Leistung und die technische Perfektion des Spitzenboxers.

In der Leistungsschule steht die **individuelle** Arbeit mit dem einzelnen Schüler im Vordergrund. Hatte die Grundschule die Aufgabe, die grundlegende Technik zu vermitteln, so muß nun auf die Vervollkommnung der Technik und auf die Verbesserung der physischen und psychischen Fähigkeiten des Schülers hingearbeitet werden. Jeder fortgeschrittene Boxer entwickelt allmählich seinen eigenen Stil. Bestimmte Schlagkombinationen und Kampffinessen werden bewußt und systematisch geübt. Die Leistungsschule schließt auch das konditionelle Hochleistungstraining ein. Dieses Training erfolgt mit dem Ziel, zu einem bestimmten Termin in Höchstform zu sein.

Ein wichtiger Punkt sei noch erwähnt: Trainieren heißt Kräfte sammeln und Kräfte verbrauchen.

Natürlich soll man sich beim Training nicht ängstlich schonen, denn erst die Ermüdung der bewegten Körperteile schafft den Reiz, der zur Zunahme von Kraft führt. **Aber** das Training sollte nicht den hundertprozentigen Einsatz der vorhandenen Nerven- und Muskelkraft erfordern. Übermüdung und "völliges Auspumpen" muß vermieden werden. Boxer, die im Training alles geben, versagen dann oft genug im Kampf. Der Trainer muß seinen Schüler genau kennen und das Training individuell so steuern, daß der Kämpfer nicht nur topfit in den Ring kommt, sondern auch "hellwach" und voller Selbstvertrauen.

Es ist in der heutigen Zeit nicht leicht, junge Leute zu regelmäßigem Training anzuhalten und zu führen. Das Geldverdienen und die "Freuden des Lebens" stehen oft zu stark im Vordergrund. Man kann nur hoffen, daß diese Sachlage den Breiten- und Leistungssport nicht noch stärker belastet. Ich glaube, daß der Sport auch den heutigen jungen Menschen mehr wirkliche Freude und Entspannung vom Alltagsleben bringen kann, als diese selbst glauben.

Seit einigen Jahren gibt es eine Box-Bundesliga, die nach den Vorstellungen der Funktionäre die Entwicklung im Amateurboxsport auf internationaler Ebene ankurbeln sollte. Leider hat sich das nach meiner Meinung nicht so positiv wie erwartet entwickelt.

Die Vereine begannen sich durch "Zukauf" möglichst namhafter Boxer stark zu machen, um erfolgreich mitwirken zu können und dem Ziel "Deutscher Mannschaftsmeister" näher zu kommen. Dadurch begann aber auch das "Geldfieber", denn die Boxstars verlangten entsprechende Beträge und die Mäzene, die Geld locker machen wollten oder konnten, kauften diese Stars auf. Kleine Vereine, die tatkräftig "ihre" Kämpfer aufgebaut hatten, wurden vom "Wandertrieb" ihrer Spitzenboxer überrascht und resignierten. Kann nur noch der Verein Deutscher Mannschaftsmeister werden, der am meisten finanziell zu bieten hat?

Der sportlichen Entwicklung im Deutschen Amateur-Boxsport hat dies wenig genutzt. Die Boxer kennen jetzt die Schwächen und Stärken der anderen Bundesligisten im Detail. Der national Stärkste gewinnt seine Kämpfe mit Überlegenheit und die Verlierer verlieren allmählich die Lust am Wettkampf. Dadurch entwickeln sich weder Spitze noch Breite im deutschen Boxkampfgeschehen und unsere Spitzenboxer werden international nicht stärker.

Nach meiner Meinung fehlen eine hinreichende Anzahl nationaler und internationaler Turniere, die wie Weltmeisterschaften, Europameisterschaften oder Olympische Spiele ausgetragen werden, d. h. wo die Kämpfer nicht nur wie bei Länderkämpfen einmal in den Ring gehen und dann pausieren. Spitzenboxer müssen Turniere bestreiten, bei denen z. B. innerhalb einer Woche vier Kämpfe zu absolvieren sind, um zur internationalen Leistungsspitze vorzustoßen.

Der Trainer

Je jünger ein Sportler ist, desto intensiver sollte die Bindung an den Trainer sein. Das heißt: Der Trainer muß stellvertretend für den jungen Sportler handeln, er muß ihn führen. Diese Lehrer-Schüler-Beziehung sollte jedoch mit zunehmender Annäherung an das Hochleistungs-Training einer echten Partnerschaft zwischen Trainer und Sportler weichen. Sportliche Höchstleistungen sind ohne selbständiges Denken und Handeln des Sportlers undenkbar.

Das Ziel des Trainers muß also darin bestehen, den Sportler mit fortschreitender Dauer des Trainings sozusagen auf die eigenen Füße zu stellen, ihm mehr Mitbestimmung einzuräumen. Der Trainer hat in diesem Sinne die paradoxe Aufgabe, sich so überflüssig wie möglich zu machen. Der Trainer wird seiner pädagogischen Aufgabe erst dann gerecht, wenn er sich nicht nur um die Verbesserung der sportlichen Leistung, sondern auch um die Entfaltung der Persönlichkeit des ihm anvertrauten Sportlers bemüht.

Ausklang

Es ist offenbar ein Naturtrieb des Menschen, seine Kräfte messen zu wollen. Jungen, die noch unbefangen sind, tun dies oft auch mit den Fäusten. Schnell wird bei einem kleinen Streit etwas gerauft und geschlagen. Kann man das verbieten? Die konzentrierten Erziehungsversuche von Lehrern und Eltern konnten es bisher jedenfalls nicht. Eine Rauferei wird höchstens aus der Schule an einen anderen Ort verlegt. Verbote bedeuten eher, daß es mit den Jahren schlimmer wird; dann ist aus dem kleinen Jungen ein Erwachsener geworden, der sich nun eher lächerlich macht oder mit dem Gesetz in Konflikt bringt, wenn er das tut, was kleine Jungen ruhig tun sollten, nämlich sich zu "prügeln".

Man sollte den Kampfgeist der Kleinen rechtzeitig in geordnete Bahnen lenken. Man kann das "Prügeln" durch eine gute Boxausbildung kultivieren und "ausleben". Wer ständig in der Sporthalle seine Kräfte messen kann und weiß, was in seinen Fäusten steckt, wird im allgemeinen bei sich bietender Gelegenheit eher Zurückhaltung üben und sich dann höchstens noch leicht widerwillig verteidigen (Bild 80).

Bild 80

Wenn ein kleiner Junge schüchtern am Eingang der Boxhalle steht und mitmachen möchte, dann sollte man ihn dazu einladen und ihm die Möglichkeit geben, sich alles gut anzuschauen. Vielleicht wird aus dem "Stepke" von heute der Meister von morgen. In jedem Fall aber wird der Boxsport seinen Körper stählen und ihm helfen, ein Mann zu werden.